Elisabeth Lukas
Die Kunst der Wertschätzung

Elisabeth Lukas

Die Kunst der Wertschätzung

Kinder ins Leben begleiten

VERLAG NEUE STADT
MÜNCHEN · ZÜRICH · WIEN

Aus der Reihe: LebensWert

Klimaneutral gedruckt. Weil jeder Beitrag zählt.

MIX Papier FSC® C083411

CPI klimaneutral
Mehr Bäume. Weniger CO_2

2018, erweiterte Neuausgabe

Umschlaggestaltung unter Verwendung eines Fotos
von Stefan Liesenfeld
Gestaltung und Satz: Neue-Stadt-Grafik
Druck: CPI – Clausen & Bosse, Leck
ISBN 978-3-7346-1144-5

www.neuestadt.com

Inhalt

Was wird Ihr Kind glücklich machen?

Sie sind Mutter oder Vater. Sie möchten, dass Ihr Kind ein glücklicher Mensch wird? Nun, dann lassen Sie uns darüber nachdenken, ob es etwas gibt, das die Chancen erhöht, dass ein Mensch glücklich wird.

Ernüchtert werden wir bald feststellen, dass es nicht *Geld und Gut* sind, die für ein subjektives Glück garantieren. In einem Artikel der „Chicago Tribune“ vom 24.9.1987 stand zu lesen, dass laut einer Umfrage Personen, die 30 000 Dollar im Jahr verdienen, meinen, sie bräuchten 50 000, um glücklich zu sein, und dass Personen, die 100 000 Dollar im Jahr verdienen, meinen, sie bräuchten 250 000, um glücklich zu sein. Da kann man schon verwundert sein. R. E. Lane beschrieb in seinem Buch „The Loss of Happiness in Market Democracies“ (Yale University Press 2000), wie es in den USA um 1940 herum aussah. Ein Drittel der Durchschnittshäuser hatte kein fließendes Wasser, keine Toiletten im Haus, keine Dusche oder Badewanne, und mehr als die Hälfte der Bevölkerung hatte keine Zentralheizung.

Die Zufriedenheitsrate in dieser Zeit lag bei 7,5 auf einer Skala von 1 bis 10. Der heutige Standard ist: fließendes Wasser, zwei oder mehr Bäder, Zentralheizung, Mikrowelle, Spülmaschine, Flat-TV, DVD-Player, PC etc. Das Einkommen hat sich, verglichen mit damals, mehr als verdoppelt. Die durchschnittliche Zufriedenheitsrate liegt jetzt, neueren Messungen zufolge, bei 7,2 auf der Skala von 1 bis 10. Statt zu steigen, ist sie also gesunken. Das ist schon erstaunlich! Im „alten" Europa wird es nicht viel anders als in den USA sein, nur liegen uns weniger Statistiken vor.

Nicht nur Besitz, auch *Karriere, Ansehen und Prestige* ziehen mehr Stress als Glück nach sich. Die Schreckgespenster Frust, Mobbing oder Burnout geistern durch die Arbeitswelt und machen auch vor den oberen Etagen nicht Halt. Im Gegenteil. Der berufliche Erfolg beschleunigt sehr oft das „Hamsterrad", in dem jemand läuft und läuft, bis ein psychosomatischer Zusammenbruch ihn endlich (und manchmal endgültig) aus dem Rad fallen lässt. Das nachstehende Extrembeispiel mag Eltern, die mit Nachdruck forcieren, dass ihre Kinder Erfolg in der Schule haben, damit sie später auch Erfolg im Berufsleben haben mögen, aufhorchen lassen. Glenn Bland beschrieb in seinem Buch „Success" (1972) ein Treffen der erfolgreichsten Männer im Edgewater Beach Hotel im Jahre 1923. Es trafen sich damals:

- Charles M. Schwab, Vorsitzender des größten Stahlkonzerns in den USA,
- Samuel Insull, Inhaber eines riesigen Energie- und Verkehrsunternehmens, der einen großen Teil der elektrischen Infrastruktur gelegt hat,
- Howard Hopson, Präsident der größten US-Gasgesellschaft,
- Arthur Cutten, ein erfolgreicher Weizenspekulant,
- Richard Whitney, Präsident der New Yorker Börse,
- Albert Fall, Innenminister im Kabinett des Präsidenten,
- Jesse Livermore, einer der bedeutendsten Spekulanten der Wall Street,
- Ivar Kreuger, die zentrale Figur im europäischen Zündwarenmonopol,
- Leon Fraser, Präsident der Bank of International Settlements.

Wie sah das Leben dieser neun superreichen Topmanager nach 25 Jahren aus?
- Charles M. Schwab war Bankrott gegangen und lebte seine letzten fünf Jahre von geliehenem Geld.
- Samuel Insull starb auf der Flucht vor der Justiz im Ausland mit 84 Cent in der Tasche.
- Howard Hopson verlor den größten Teil seines Vermögens und galt als „geisteskrank".
- Arthur Cutten wurde wegen Steuerhinterziehung angeklagt und starb einige Monate danach an einem Herzinfarkt.

- Albert Fall wurde nach zehn Monaten Haft begnadigt und starb mittellos zu Hause.
- Jesse Livermore beging Selbstmord.
- Ivar Kreuger erschoss sich.
- Leon Fraser beging ebenfalls Selbstmord.

Gewiss, die Weltwirtschaftsdepression hat damals diese Wirtschaftsbosse überrollt, doch hätten nicht gerade sie mit ihrem Riesenvermögen sich dennoch ein kleines „Plätzchen an der Sonne" schaffen können, z. B. einen Bauernhof, der genug Nahrung lieferte, ein bescheidenes Heim in den Bergen mit einer Unterkunft für Reisende oder Ähnliches? Es war die „Depression" in ihren Köpfen und Herzen, die sie umgebracht hat …

Forschen wir weiter. Wie steht es mit *Schönheit* und Gesundheit als Glücksbringer? Noch eine Statistik aus Amerika: Die „American Society for Aesthetic Plastic Surgery" gab bekannt, dass im Jahr 2010 allein in den USA 1,6 Millionen kosmetische Operationen durchgeführt worden sind, Tendenz steigend. Gesamtkostenpunkt: 10,7 Milliarden Dollar. Rückfragen haben ergeben, dass die meisten Personen, die sich zu einer Schönheitsoperation entschlossen hatten, mit dem Eingriff zufrieden waren, allerdings nur für enttäuschend kurze Zeit. In einer Studie von J. K. McLaughlin, T. N. Wise und L. Lipworth[1] wurde sogar festgestellt, dass Frauen, die sich ihre Brust korrigieren haben lassen, ein erhöhtes Selbstmordrisiko aufwiesen. Der gemeinsame Nenner ist wahrscheinlich die Neigung zur Unzufriedenheit – mit sich …, mit dem Leben.

Und *Gesundheit*? Leider macht nicht einmal sie glücklich, wenngleich Krankheit eindeutig unglücklich macht. Aber der Nichtkranke nimmt seine Gesundheit für selbstverständlich hin und wacht aus dieser Illusion erst auf, wenn es mit seiner Gesundheit bergab geht. Wobei es seltsam genug anmutet, dass selbst Wiedergenesene allzu schnell zur Ursprungsillusion zurückzukehren pflegen.

Ja, machen dann vielleicht *gute zwischenmenschliche Beziehungen* glücklich? Das schon eher. Zumindest solange sie wirklich gut sind. Doch in dieser Hinsicht hakt es in unserer modernen, emanzipierten Gesellschaft sehr. Die Anforderungen an Freunde und Partner sind hoch, und die Bereitschaft, selbst zurückzustecken und Kompromisse einzugehen, ist gering. Außerdem schenken viele Menschen ihren Computern und Bildschirmen mehr Zeit und Aufmerksamkeit als ihren Mitmenschen. Da die derzeit alarmierenden Scheidungs- und Trennungsraten bekannt sind und die Medien ständig über reale

1 Psychosomatics 2004, Vol. 45, S. 277–280.

oder virtuelle familiäre Kräche mit katastrophalen Ausgängen berichten, spare ich mir zusätzliches Anschauungsmaterial. Die Gewalt in den Familien (und daher auch an den Schulen) ist zu einem flächendeckenden Problem geworden, das momentan niemand zu lösen vermag. Von der Gewalt in der Völkerfamilie ganz zu schweigen …

Ja, es lohnt sich wahrhaftig, zu überlegen, o b Sie als Eltern überhaupt etwas bzw. w a s Sie beitragen können, um Ihren Kindern den Weg zu einem glücklichen Leben zu ebnen. Dem wollen wir in diesem Buch nachspüren.

Ist Ihr Kind ein Kind der Liebe?

Ihr Kind entstammt einem Sexualakt. Aber ist es auch aus einer zwischenmenschlichen Liebe entstanden? Es wäre schön, wenn Sie ihm dies sagen könnten. Wie ist eigentlich Ihre Einstellung zur Sexualität?

Die Einstellung der Menschen unseres Kulturkreises zur Sexualität hat sich im 20. Jahrhundert grundlegend verändert. Anlass dafür war die aufkeimende Idee, dass jede Unterdrückung, Verheimlichung und Tabuisierung sexueller Bedürfnisse die seelische Gesundheit störe und schädige. Sigmund Freud, der auf diesem Gebiet bahnbrechend war, versuchte an Hunderten von Krankengeschichten nachzuweisen, dass Neurosen und Hysterien auf Grund unbefriedigter und unterdrückter sexueller Impulse entstünden. Sein theoretisches Konzept basierte auf der Annahme, dass unbefriedigte Triebregungen in traumatischer Form ins Unbewusste verdrängt würden und von dort aus das emotionale Gleichgewicht des Menschen beeinträchtigten. Dementsprechend bestand sein therapeutisches

Konzept im Aufdecken und Bewusstmachen solch verdrängter Triebregungen und im anschließenden Ausleben der aufgestauten Bedürfnisse. Sein Schüler Wilhelm Reich blies in dasselbe Horn, als er schrieb: „In der Psychologie geht es darum, die die Lustbefriedigung hemmenden Zwänge zu beseitigen."

Wahrscheinlich hätten Freud und Reich, hätten sie einen Blick in die Gegenwart werfen können, ihre Konzepte alsbald revidiert. Denn alles Aufdecken, Nicht-Unterdrücken und Ausleben von sexuellen (und anderen) Bedürfnissen hat nicht wesentlich zur psychischen Stabilität der modernen Gesellschaften geführt. Kaum je zuvor hatten die Menschen so viele sexuelle Freiheiten, so viel sexuelle Stimulanz, so viele Chancen zum Partnerwechsel, so viele sinnliche Anregungen durch Technik, Fernsehen und Internet (der neueste Hit ist „Werbung für Seitensprünge" auf der Surf-Plattform) und so viele Möglichkeiten, offen über ihr Triebleben zu diskutieren, wie heute. Kaum je zuvor hat die Jugend ein solch hohes Maß an sexueller Aufklärung und frühen Erfahrungen mitbekommen wie heute – und bei alledem boomen die Ehe- und Partnerschaftsdramen und bröckeln die zwischenmenschlichen Beziehungen in Angst erregender Weise. Die Freizügigkeit in der Sexualität mag eine Errungenschaft des Fortschritts sein, aber ein Beitrag zur Volksgesundheit war sie offensichtlich nicht. Warum nicht? Begeben wir uns wieder auf die Suche nach dem Glück. Wohnt es in den Hochburgen der Homöostase, also des inneren Gleichgewichts?

Zu Freuds Zeiten und noch lange darüber hinaus waren die Psychologen davon überzeugt. Man betrachte eine satte Katze, die in vertrauter Umgebung hinter einem wärmenden Ofen liegt und zufrieden schnurrt. Sie ist vollends in ihrem inneren Gleichgewicht. Sie hat keinerlei Bedürfnis, ihre Situation zu ändern, sie steht unter keinerlei aktuellem Triebzwang oder äußerem Druck, der ihr unangenehm wäre und den sie loswerden müsste, sie ist „wunschlos glücklich". Dieses idyllische Bild ist als Meßlatte für uns Menschen ungeeignet. Denn ein Mensch, der keine Wünsche und Bedürfnisse mehr hat, weil er (fast) alles Erstrebenswerte besitzt, kennt keine Inhalte, für die er sich einsetzen müsste. Er spürt keine „Spannung", wie sie beim Erledigen einer Aufgabe oder im Anpeilen einer Zielvorstellung entsteht, es kribbelt ihn sozusagen nicht in den Fingern und vibriert nicht in seinem Herzen – häufig verfällt er dann einer unbefriedigenden Langeweile, einer urmenschlichen Frustration, wie es sie im Tierreich vergleichbar nicht gibt. Im Fachjargon spricht man von einer „existenziellen Frustration" (Frankl), die psychohygienisch äußerst bedenklich ist. Die Wirtschaftswunder und Wohlstandsperioden im späten 20. Jahrhundert haben uns in dieser Hinsicht mancherlei Überraschung beschert. Die Idole einer ganzen Generation, die Supermänner, die à la James Bond hübsche Mädchen am laufenden Band „serviert" bekommen, sich permanent in sexuelle Abenteuer stürzen und immer straflos davonkommen, selbst wenn sie Gesetze brechen und Extremrisiken wagen, oder die Traumfrauen und Bilderbuchstars, die sich sämtliche finanziellen Wünsche und jedwede Augenblicksregung erfüllen können, weil sie ausgestattet sind mit Macht, Einfluss, Raffinesse … – welchem Schicksal treiben sie zu? Das praktische Leben zeigt es uns wiederholt: Es kommt der Zeitpunkt, da interessiert sie nichts mehr, da sind sie am Ende, übersättigt, verdrossen, innerlich kaputt und leer. Superlative erschöpfen sich allzu schnell.

Der Mensch als ein nicht nur körperliches, sondern auch geistiges Wesen kann nicht bloß konsumieren und genießen; das reicht nicht zu seinem Glück. Schon im Jahr 1977 war die deutsche Kriminalstatistik mit den Worten überschrieben: „Im Teufelskreis von Langeweile und sinnloser Zerstörung", weil man keine griffigeren Motive für die zunehmenden Verbrechen fand. Die Selbstmordstatistiken schlossen sich dem an und wiesen auf den (heute wie damals) durchschnittlich hohen Lebensstandard der Selbstmörder hin, der die Verzweiflungstaten umso unbegreiflicher erscheinen ließ. Und die Drogenforschung enthüllte Langeweile und die „Sehnsucht nach dem Kick" als Hauptleitmotiv der immer jünger werdenden Neueinsteiger. Inzwischen wissen wir, dass die Möglichkeit, sich viele Wünsche erfüllen zu können, keine Gewähr für Zufriedenheit bietet, wenn sie diese nicht sogar untergräbt.

Faktum ist, dass der Mensch für seine psychische Gesundheit unabdingbar braucht, dass eine Reihe von Wünschen *offen bleiben*, und zwar in Form anstrebenswerter Lebensinhalte und persönlicher Ziele, die es zu verwirklichen gilt. Ein echtes Engagement erst hält die Persönlichkeit intakt, selbst wenn dieses Engagement Opfer kostet und eigene Bedürfnisse einschränkt. Ein Einsatz für eine Idee, für eine gute Sache, für ein selbst gewähltes Projekt, wofür auch immer, baut eine menschliche Existenz auf und erfüllt sie. Viktor E. Frankl sprach vom Prinzip der *Selbsttranszendenz* (wertorientierter Selbstüberschreitung), das er dem ausgedienten Homöostaseprinzip gegenüberstellte und das den Menschen aus dem rein Biologischen heraushebt in eine dem Tier übergeordnete Dimension.

Betrachten wir das Beispiel einer Mutter, die unermüdlich für ihre Kinder sorgt, was bedeutet, dass sie jahrelang eigene Wünsche hintanstellt. Ist sie zu bedauern? Die Erfahrung lehrt, dass Mütter öfter seelisch entgleisen, wenn ihre Kinder bereits erwachsen sind, als vorher, was verschiedene Ursachen haben kann, aber jedenfalls mit dem Homöostaseprinzip nicht zusammenpasst. Denn diesem zufolge müssten die Mütter während der Belastungszeiten durch die Kindererziehung unglücklich sein und mit dem Fortfallen dieser Belastungen endlich zufrieden und innerlich ausgeglichen sein, was nicht der Fall ist.

Das Beispiel gerade der reichlich beanspruchten Mütter ist noch aus einem anderen Grunde aufschlussreich. Befragt man sie, so versichert ein Großteil von ihnen, dass ihnen ihr Sorgen für die Familie und ihr tägliches Zusehen, wie sich die Kinder unter ihrer Obhut zu jungen Menschen entfalten, große Freude bereitet. Dass sie ihre Mutterrolle nicht missen möchten, auch wenn reichlich Arbeit damit verknüpft ist. Und dennoch vollbringen diese Mütter ihre Arbeitsleistung *nicht* zu dem Zweck, *sich selbst Freude zu bereiten*. Was sie leisten, wird eingebracht zum Wohle ihrer Familie, ihrer Kinder. All ihr Engagement meint ein Du – und wenn es glückt, beglückt es ein Ich. *Das* ist das „Geheimnis" gelebter Selbsttranszendenz. Wer sich an eine sinnvolle Aufgabe hingibt, profitiert selbst davon auf irgendeine Weise; wer hingegen nach seinem eigenen Profit giert und hascht, büßt im Endeffekt eine Menge Glück und Freude ein.

„Je mehr es einem um die Lust geht, desto mehr vergeht sie einem auch schon", hat Frankl gekalauert. Lust, Freude, Glück sind bei uns Menschen Nebeneffekte selbsttranszendenten Handelns, die sich nicht direkt anstreben lassen bzw. jedwedem Erzwingen-Wollen verwehren. Weshalb Bedürfnisbefriedigung allein kein ausreichendes menschliches Motiv sein kann, wie bereits dargelegt. Natürlich gilt die Einschränkung, dass offene Grundbedürfnisse sich sehr vehement melden können und im Dienste des Überlebens auch einen gewissen Vorrang besitzen. Trotzdem können im menschlichen Bereich selbsttranszendente Motive sogar sehr drängende Grundbedürfnisse „außer Kraft setzen", wenn es jemandem wichtig genug ist. Frankl hat in diesem Zusammenhang von KZ-Häftlingen berichtet, die ihr letztes Stück Brot für einen kranken Kameraden gespendet haben.

Sie sehen, wir nähern uns dem seltsamen Phänomen „Glück", das sich so gar nicht erzwingen oder erkaufen lässt, dafür aber wie von allein demjenigen zufällt, der sich hingibt an eine Aufgabe, an ein Du.

Passen Verzicht und Liebe zusammen?

Sie glauben, unser Startthema habe wenig mit pädagogischen Fragestellungen zu tun? Sie irren sich. Die Einstellungen der Eltern zueinander und zum Leben übertragen sich mehr auf die Kinder, als diesen recht ist.

Bleiben wir noch beim Thema „Lust", die als unangestrebter Nebeneffekt am allerschönsten ist. Musikliebhaber werden sich in dieser Behauptung spontan wiederfinden, denn es kann herrlich sein, melodischen Klängen zu lauschen. Und am herrlichsten ist es, wenn man sich beim Musikhören nicht selbst beobachtet, ob und wann sich ein Vergnügen an den Harmonien und Gesängen einstellt, sondern wenn man sich total vergisst und einfach von der Musik verzaubern lässt.

Man verzeihe mir den Vergleich, aber in der Sexualität ist es nicht viel anders. Freude und Lust kommen kaum auf, solange man sich beim Intimkontakt am Partner befriedigen will, wohingegen sie überströmen, sobald man sich mit seinem ganzen Selbst seinem Partner zuwendet. Die selbstübersteigende Hingabe an das Du beschenkt im Gegenzug das Ich.

Die angesprochenen Weisheiten sind nicht einem Moralkodex entnommen, sondern stammen aus der ärztlich-therapeutischen Praxis, in der psychisch bedingte Sexualstörungen behandelt werden müssen. Patienten mit sexuellen Frustrationen stauen sich dort genauso wie Patienten mit existenziellen Frustrationen, was nicht zu verwundern ist. Denn so, wie Sinn und Liebe miteinander korrelieren, korrelieren auch die Auswirkungen ihres Fehlens. Ein sinnentleertes Leben verliert an Wert, und eine liebesverarmte Sexualität versperrt sich der Lust.

Sinn menschlicher Sexualität ist es (neben der Sicherung von Nachkommenschaft), einer personalen Liebesbeziehung Ausdruck zu verleihen. Dazu gehören das Warten-Können auf den anderen, das Erlauschen der Wünsche des anderen, die Behutsamkeit im Umgang mit dem anderen, die Zärtlichkeit, die nicht nur den Körper, sondern auch die Seele streichelt, und der uneingeschränkte Respekt vor dem geistigen Träger von Körper und Seele, wie er sich in „dreifaltiger Einheit“ präsentiert. Der Sexualakt ist geradezu „eine Inkarnation der Liebe“, wie es Frankl einmal formuliert hat, oder sollte es zumindest sein, das heißt, er sollte vermitteln: „Ich bin dir gut, ich bin dir nah, ich gehöre zu dir, ich lasse dich nicht im Stich, ich verbinde ein Stück von mir selbst mit dir …“ Und ist er das nicht, dann ist er fast „nichts“: eine bloße Instinkthandlung, ein Reflexgeschehen, ein flüchtiger Augenblick aufgepeitschter Erregung ohne Bedeutung und ohne besonderen Nachhall. Nicht selten mit einem faden Beigeschmack behaftet. Gewiss, der moderne Mensch will diesen Beigeschmack abschütteln, sich zu einem Wesen mit sexuellen Rechten emanzipieren, seine Triebe gezügelt ausleben; und dieses Streben ist ja vielleicht noch besser als die gesellschaftliche Verdrängungsstrategie, die es Jahrhunderte lang gegeben hat. Aber es waltet nach wie vor das Gesetz der Freude, die nicht auf Befehl erzeugbar und programmierbar ist, sondern sich leise und unbeabsichtigt wie von selbst einstellt, wo Werte erschaut werden und wo die Liebe glüht, während sie schleunigst entschwindet, wenn sie für ein Ich festgenagelt werden soll. Glück, Lust, Freude sind eben *Nebeneffekte sinnorientierter Hingabe* – oder sie sind nicht.

FALLBEISPIEL:

Ein Ehepaar meldete sich bei mir zur Beratung an. Mann und Frau wollten gemeinsam kommen. Hier ein Ausschnitt aus unserem Dreiergespräch:

Er: Wir wollen uns gerne beraten lassen. Meine Frau und ich führen eine gute Ehe …

Sie: Wir sind seit 15 Jahren verheiratet, und nie hat es Gehässigkeiten zwischen uns gegeben oder böse Streitigkeiten; wir haben uns immer verstanden.
Er: Ja, ja, wir verstehen uns auch jetzt ... Wir wären auch gar nicht gekommen, wenn Sie uns nicht wärmstens empfohlen worden wären ...

Pause

Ich: Haben Sie Probleme in der Intimsphäre?
Er: Ja, ja, so ist es. Meine Frau, wie soll ich sagen, der Arzt meint, sie sei ganz gesund ... Wenn sie nämlich nicht gesund wäre ...
Sie: Das ist es nicht; ich bin schon gesund. Ich meine bloß, ist es denn wirklich so unbedingt nötig? Es fällt mir schwer, mich dazu zu zwingen. Mein Mann findet das abnormal.
Er: Was heißt abnormal? Wir sind schließlich Mann und Frau, oder nicht? Aber einmal liest du, einmal nähst du, einmal hast du Kopfschmerzen, jeden Abend eine andere Ausrede ...
Sie (verzagt): Das stimmt, ich schiebe den Abend immer hinaus, ich habe direkt Angst vor dem Schlafengehen, manchmal denke ich schon den ganzen Tag daran, an den Abend, was ich wohl tun soll, den ganzen Tag *(sie schluchzt)* ...
Ich: Sie haben Angst vor dem Begehren Ihres Mannes, weil Sie glauben, es nicht erwidern zu können?
Sie: Ja, Frau Doktor.

Ich (zum Mann gewandt): Sie haben die Worte verwendet: ‚Wenn sie nicht gesund wäre'. Haben Sie damit gemeint, dass Sie verzichten würden, wenn Ihre Frau ein körperliches Gebrechen hätte, das dem Sexualakt im Wege stünde?
Er: Selbstverständlich, ich bin doch kein Wüstling!
Ich: Angenommen, Ihre Frau wäre nun krank und Sie würden verzichten, hätten Sie dann Ihre Frau weniger lieb?
Er: Das hat damit nichts zu tun, ich liebe sie ja nicht nur deshalb. Das fände ich überall, wenn ich wollte. Ich liebe sie …
Ich: Ja?
Er: Na, wie sie ist! Als die Frau, die mich durchs Leben begleitet!
Sie (gerührt): Ich wusste gar nicht, dass du es so siehst.
Er (zu ihr): Aber ich bitte dich, wenn du krank wärest, würde ich mich kein bisschen beklagen, aber da du nicht krank bist, muss ich annehmen, du willst mich nicht …
Ich: Sie irren sich. Ihre Frau ist zwar nicht körperlich krank, aber sie hat eine kleine psychische Störung, die erst behoben werden muss, ehe sie sich Ihnen wieder voll hingeben kann. Ihre Ablehnung ist Ausdruck dieser Störung und nicht Ausdruck fehlender Zuneigung zu Ihnen.
Sie: Das stimmt, genauso ist es! Meine Liebe hat damit nichts zu tun, absolut nichts. *(Zum Mann gewandt:)* Ich liebe dich wie am ersten Tag!

Er (gerührt): Das wusste ich nicht.
Ich (zu beiden): Sehen Sie, es gibt etwas, das wussten Sie beide nicht voneinander. Sie mögen einander ganz unabhängig von der Güte des sexuellen Zusammenspiels. Jeder liebt die Person des anderen um seiner selbst willen. Das ist mehr, als viele andere Paare von sich behaupten können, auch wenn sie noch so intensiv im Bett miteinander verkehren. Hier mein Rat an Sie: Vergessen Sie vorläufig die kleine Störung, lassen Sie vorläufig den Intimkontakt zur Seite und versuchen Sie, sich auf jeden Abend zu freuen, denn der Abend ist die Zeit, die Ihnen gemeinsam gehört. Machen Sie etwas Gemeinsames aus dem Abend, einen Spaziergang, ein Spiel, eine Buchbesprechung, schmieden Sie Pläne ... – haben Sie eigentlich schon Urlaubspläne?
Er: Noch nicht, aber Sie haben recht, der Sommer naht und es wird Zeit, daran zu denken.
Sie: Ja, das finde ich eine schöne Anregung. Ich werde Kataloge aus dem Reisebüro besorgen, dann können wir abends darin schmökern.
Ich: Geben Sie jedem Abend ein kleines Glanzlicht, zum Beispiel ein hübsch angerichtetes Abendbrot, ein kleines Mitbringsel vom Markt, eine Idee, einen Vorschlag; nichts soll zur Routine werden. Ihre Liebe ist so kostbar, dass Sie sie gegenseitig spüren müssen, dann verblassen die kleinen Störungen, die es gibt oder geben könnte.

Er: Wir werden es versuchen. Und was soll meine Frau nun speziell tun, um …
Ich: Nichts, außer sich auf den Abend freuen, Tag für Tag …
Sie: O Frau Doktor, ich danke Ihnen!

Anruf des Mannes nach 14 Tagen:

Er: Ich möchte Ihnen nur sagen, dass wir bezüglich unseres Problems gar nichts mehr unternehmen wollen. Wir sind jetzt sehr glücklich miteinander. Meine Frau hat sich ganz gewandelt, seit wir bei Ihnen waren. Und deshalb bin ich bereit, auf das andere zu verzichten …, wenn sie doch jetzt glücklich ist, was soll's. Ich möchte sie nicht bedrängen.
Ich: Das brauchen Sie auch nicht. Geben Sie ihr noch ein wenig Zeit, sie wird wieder gesund werden, vollkommen gesund. Aber ich fände es gut, wenn Sie den Entschluss, den Sie mir mitgeteilt haben, auch ihr sagen würden. An Ihrem Verzicht wird sie Ihre Liebe ermessen können, und an dieser Liebe wird sie gesunden. Und noch etwas: Suchen Sie sich einen recht attraktiven Urlaubsort aus. Ein Landschaftswechsel erleichtert oft einen Wechsel in den Gewohnheiten, reißt aus dem Alltag heraus und gibt neue Impulse.
Er: Ja, das werden wir machen. Herzlichen Dank!

Besuch der Frau nach dem Urlaub:

Sie: Frau Doktor, ich musste doch vorbeikommen und es Ihnen sagen: Bei uns ist jetzt alles in Ordnung, wie in früheren Zeiten. Wissen Sie, mein Mann wollte sogar verzichten, was sagen Sie dazu? Ein Mann in seinem noch jugendlichen Alter, das geht doch nicht! Nein, nein, jetzt, da ich weiß, wie sehr wir miteinander verbunden sind, da kann mich das nicht mehr erschrecken. Sein Erstaunen hätten Sie sehen sollen, als ich zu ihm kam, mich anbot … Es hat mich einfach glücklich gemacht, ihm meine Liebe zu beweisen …

* * *

Noch gibt es sie, Ehepaare wie diese, die aus der Kraft eines „Dir zuliebe" schöpfen können. Mitten in einer Wegwerfgesellschaft, in der alles Fehlerhafte und unbrauchbar Gewordene schnurstracks im Müll landet, wird es allerdings schwieriger, die Einstellung zu vermitteln, dass man *einem Angehörigen zuliebe* auch dessen Schwächen und Fehler in Kauf nehmen kann, auch sein Krank- und Altwerden hinnehmen kann. Dass man in der Partnerschaft dem jüngeren und attraktiven Ersatzmann bzw. der Ersatzfrau einen Korb geben kann, dass man sich eben *jemandem zuliebe* überwinden und ein kleines Opfer bringen kann, auch wenn es weniger Spaß macht. Und doch wirkt so ein kleines Opfer aus Liebe mitunter Wunder. Eine wahrhaft humane Sexualität ist nicht dazu da, dass einer sich am anderen befriedigt bzw. vom anderen befriedigt wird, sondern dazu, *dass einer dem anderen seine Liebe erweist – im Vollzug oder im Verzicht,* je nachdem. Und nicht selten ist es gerade der temporäre Verzicht, der den Vollzug in seiner schönsten Weise neu ermöglicht.

Ich versprach ein Nachdenken über das Glück. Jetzt haben wir dessen Geheimnis schon fast gelüftet. Es stellt sich ein, wo Wertschätzung stattfindet. Egal, w i e sie sich zeigt: in der Hingabe, im Verzicht, in der Erfüllung ...

Eine Hymne auf die Wertschätzung

Was verstehen Sie unter Wertschätzung? Viele meinen, dass etwas erst seinen Wert beweisen müsse, ehe man es wertschätzen könne. Das stimmt nicht. Wertschätzung ist eine Grundhaltung der Welt gegenüber.

Wertschätzung ist das Gegenteil von Gleichgültigkeit. Wem seine Möbel egal sind, der strapaziert sie, befleckt sie, benutzt sie wie irgendwelche Holzstücke, die irgendwo herumstehen. Wer seine Möbel wertschätzt, behandelt sie pfleglich, staubt sie ab, verschont sie vor nassen Gläsern oder Zigarettenkippen und – betrachtet sie gelegentlich mit Wohlwollen.

Das gilt nicht nur für Dinge. Wem seine Arbeit gleichgültig ist, der erledigt sie mit möglichst wenig Aufwand, halbherzig, aber auch „halbköpfig", denn ein Teil von ihm ist ständig bei anderen Denkinhalten. Er gibt seiner Arbeit auch nicht die angemessene Zeit, denn entweder zieht er sie seufzend in die Länge, weil sie ihm nicht „von der Hand geht", oder er versucht, sie schnellstens zu Ende zu bringen, was in der Eile erhöhte Fehlerquoten bedeutet. Wer hingegen seine Arbeit wertschätzt, investiert sein Bemühen, seine Achtsamkeit und die richtige Zeit in sie. Er ist ihr „verbunden“, und sie dankt es ihm mit Gelingen und geringen Fehlerquoten.

Freilich kann all dies ins zwanghaft Akribische entarten, doch liegt es dann nicht an der Wertschätzung, sondern an dem zwanghaft-akribischen Charakter des Betreffenden. Wer im „Putzfimmel“ stundenlang seine Möbel schrubbt oder wer sich (als „Workaholik“) jede wache Minute in seine Arbeit vergräbt, tut dies nicht aus einer Wertschätzung, sondern aus einer Art Sucht heraus, die ihm diktiert, weiter und weiter zu hecheln, ob sinnvoll oder nicht. Das Ansichtigsein von Werten hingegen bedrückt und bedrängt uns in keiner Weise, sondern erfreut und motiviert uns zur Beschäftigung mit diesen Werten in einem sinnvollen Ausmaß.

Ganz besonderer Segen liegt auf der Beschäftigung *mit Menschen, die man wertschätzt.* Wer seine Mitmenschen wertschätzen kann, ist ein echter Glückspilz. In seinem Gesichtsfeld zeichnen sich vorrangig die schönen Seiten an jedem Gegenüber ab. Er sieht, was seine Nachbarn, Kollegen oder Angehörigen leisten, teilweise vielleicht sogar unter schwierigen Bedingungen leisten. Er erfasst ihre Stärken und Talente, ohne sie ihnen zu neiden oder sich trübselig mit ihnen zu vergleichen. Er fühlt mit bei ihren Leiden und drückt ein Auge zu bei ihren Fehlern. Wenn es etwas Gravierendes zu besprechen gibt, weiß er ihre Würde zu wahren, und wenn er sie kritisieren muss, tut er dies nicht, ohne gleichzeitig Lobenswertes hervorzuheben. Sich anbahnende Konflikte vermag er im Frühstadium auszuräumen oder in gelassener Heiterkeit versanden zu lassen. Und sogar bei den krankheitsbedingten Zerrbildern des menschlichen Wesens, wie sie etwa die Demenz hervorbringt, lebt in seinem Bewusstsein die Idee von einem heilen Personenkern, der ohnmächtig und unsichtbar geworden sein mag, aber dennoch im Grunde transmorbid ist und bleibt. Kurz, wer seine Mitmenschen wertschätzt, bewegt sich in einem imaginativen „Freundesland" weit ab von der dornigen Grenze zu dem ebenso imaginativen und leider sehr überbevölkerten „Feindesland".

Das Verblüffende ist, dass Imaginationen häufig Wirklichkeiten in ihre Richtung verändern. Bei der wertschätzenden Haltung den Mitmenschen gegenüber ist dies deutlich zu beobachten. Dinge wie Möbel oder Dienste wie zu erledigende Arbeiten profitieren zwar auch von einer ihnen liebevoll zugewandten Aufmerksamkeit, haben aber keine Seele, die sich darin sonnen könnte. Im Unterschied dazu spüren Menschen eine ihnen entgegengebrachte Wertschätzung als superangenehm, ja geradezu als gedeihliches Klima, in dem sie aufblühen wie die Knospen im Frühling. Sie ziehen ihre „Stacheln" ein, hören auf, sich andauernd zu rechtfertigen oder zu verteidigen, holen ihr Bestes aus sich heraus und dämpfen etwaige aggressive bzw. misstrauische Tendenzen, die in ihnen wohnen. Insofern geht es der sie wertschätzenden Person doppelt gut: Sie freut sich an den „schönen Seiten" und an der Werthaftigkeit ihrer Mitmenschen, die sie erschaut, und genießt gleichzeitig deren „noch schönere Seiten", die diese im Spüren, wertgeschätzt zu werden, aus der Versenkung holen.

Menschen, die ihre Mitmenschen wertschätzen, sind wahrhaftig reich!

Sie wissen zu lieben und werden geliebt.

Sie wissen zu akzeptieren und werden akzeptiert.

Sie wissen zu respektieren und werden respektiert.

Sie vertrauen auf das Wachstumspotenzial, das in jedermann schlummert, und werden kaum enttäuscht.

Sie sind gerne mit anderen Menschen zusammen, und jedermann ist gerne mit ihnen zusammen.

Sie sind tolerant statt dominant, barmherzig statt verteufelnd, sie strahlen Wärme statt Härte aus, und siehe da: Die Mitmenschengemeinschaft nimmt sie in sich auf und trägt sie durch alle Fährnisse hindurch. Ihr Reichtum kann durch keine Wirtschaftsdepression verloren gehen, denn was auch geschehen mag, jemand ist da, der zu ihnen hält, weil sie einmal an diesen Jemand geglaubt haben.

Wertschätzende Menschen sind rundum glückliche Menschen, weil alles, womit sie zu tun haben, sich in irgendeiner Form der Wertschätzung dankbar erweist und als Gnadengeschenk an sie zurückschwingt.

Es ist also nicht so, dass etwas erst seinen Wert beweisen muss, um wertgeschätzt werden zu können. Nein, es ist gerade umgekehrt: Etwas muss wertgeschätzt werden, damit sich sein Wert in die Wirklichkeit hinein entfalten kann.

Weiß sich Ihr Kind angenommen?

War Ihr Kind ein Wunschkind? Wenn nicht, so ist das kein Malheur, sofern Sie es nach seiner Ankunft angenommen haben. Sein Angenommensein erfährt das Kind durch die Wertschätzung seiner Eltern.

Das Lernen von sozialen Verhaltensweisen beginnt mit der frühen Mutter-Kind-Beziehung. Im Trinken an der Mutterbrust, im Wiegen in den Armen der Mutter, in den vielen Zärtlichkeiten des Baby- und Kleinkindalters liegt unbestritten eine gewisse Weichenstellung für spätere harmonische Emotionalität und Kollegialität. Zwar sind bei uns Menschen die frühkindlichen Prägungszeiten lockerer als etwa bei den Affen, bei denen Lernversäumnisse aus frühkindlichen Prägungszeiten später nicht mehr nachgeholt werden können. Trotzdem tun sich auch Menschenkinder schwer im Aufholen allzu früher Defizite. Eine fröhliche, ausgeglichene, liebevolle und vor allem anwesende Mutter ist Babys „Himmel auf Erden". Müssen diese Ansprüche heruntergeschraubt werden, sollte wenigstens die Anwesenheit der Mutter noch übrig bleiben. Dazu gibt es viele Detailerkenntnisse aus der Humanforschung. So tragen zum Beispiel 98 Prozent aller Mütter instinktiv ihre Neugeborenen mit dem Kopf nach links im Arm. Auf diese Weise können die Babys noch ganz schwach den mütterlichen Herzschlag hören, was sie beruhigt und ihnen ein Gefühl der Geborgenheit vermittelt. Wenn das Herzschlaggeräusch fehlt, weil die Babys in Bettchen (in der Kinderkrippe) liegen, wo sie seltener hochgehoben und getragen werden, fehlt diese Beruhigung für das Gemüt. Andere Forschungsergebnisse haben gezeigt, dass das Erkennen und Beantworten des ersten Lächelns, der Lautbedeutungen, die Interpretation einfacher sozialer Interaktionen in der frühen Mutter-Kind-Beziehung gründet. Je mehr Distanz zwischen dem Kleinkind und seiner Mutter liegt, desto mehr verzögern sich die Entwicklungsverläufe des Kindes.

In den modernen Industriestaaten wird derzeit um die Gleichstellung der Frauen mit den Männern in der Arbeitswelt gerungen. Es ist angedacht, spezielle Prozentsätze in den Beamten- und Managementebenen für Frauen zu reservieren. Das ist ein nobles Vorhaben. Dabei taucht notwendigerweise der Ruf nach mehr Kinderbetreuungsplätzen auf, was genauso vernünftig ist. Dennoch möchte ich betonen, dass Kinderbetreuungsplätze lediglich eine Hilfe, aber kein Ersatz für die Mütter sind. Das Thema „Verzicht“, das wir schon einmal mit dem Thema „Liebe“ gekoppelt haben, findet in dieser Causa eine neue Variation. Mütter, die ihren Kleinen zuliebe auf einige Berufsjahre verzichten und sich stattdessen ihren Kindern widmen, verlieren mitunter weniger Geld, als sie denken. Denn es kann sein, dass sie im Laufe der Zeit eine Menge Geld für Nachhilfeunterricht, psychologische Behandlungen, gezielte Förderungen, Ersatzgeschenke etc. sparen, die sie anderenfalls in ihre problematisch gewordenen Sprösslinge investieren müssten.

Wechseln wir jetzt zu den Vätern. Auch sie sind in der Kindererziehung unersetzlich. Zumal die Kinder schon ab dem zweiten oder dritten Lebensjahr die Beziehung zwischen Mutter und Vater wahrzunehmen beginnen. Die Vorbildwirkung startet ihren Lauf und läuft mindestens die nächsten 20 Jahre auf Hochtouren. Und was Kleinkinder da so alles wahrnehmen! Verstandesmäßig können sie die Zusammenhänge noch kaum erfassen, aber Atmosphärisches atmen sie ein wie den Sauerstoff im Wohnzimmer. Wie Mutter und Vater miteinander umgehen, ob sie lachen oder grollen, heiter oder griesgrämig, kraftvoll oder bedrückt sind, das spüren die Kleinen genau. Sie müssen Worte nicht verstehen, um deren „Emissionen“ in sich aufzunehmen.

Ich habe einmal einen Film über eine systemische Familiensitzung gesehen, in der eine Mutter der Therapeutin gestand, dass sie zu Beginn ihrer

Schwangerschaft erwogen hatte, ihre Tochter abzutreiben. Diese knapp zwei Jahre alte Tochter, die daneben am Boden saß und mit einem Stoffelefanten spielte, kannte ganz sicher den Ausdruck „Abtreibung“ nicht. Doch als ihre Mutter davon sprach, warf die Kleine plötzlich den Elefanten um und rief weinerlich: „Der Elefant ist tot! Der Elefant ist tot!“ Sie wusste genau, dass der Tod im Raum stand. Es war unheimlich.

Väter können eine enorme Bereicherung für die Kinder sein. Sie ergänzen die frauliche Seite der Mütter durch das männliche Prinzip und verhindern damit eine symbiotisch zu enge Mutterbindung, die das Kind zu wenig fordern würde, oder einseitige Lernperspektiven, die allein auf Mutters Bedürfnisse zugeschnitten wären. Väter drücken auch ihre Wertschätzung anders aus als die Mütter. Sie lassen die Kleinen auf ihren Schultern reiten, kriechen mit ihnen durch Heuhaufen, schubsen sie mit dem Dreirad und bauen mit ihnen Burgen in den Sand. Auf dem Hintergrund von Babys „Himmel auf Erden“ hebt sich der väterliche „Regenbogen der Liebe“ in seiner Farbenpracht ab und vermittelt dem Kind, wie herrlich es ist zu leben.

Doch leider – wo sind sie geblieben, die Väter? Die vielen Väter aus geschiedenen Ehen, aus getrennten Verhältnissen, aus Probegefährtenschaften? Und wo sind sie, die Väter auf dem Papier, die so tüchtig sind, dass sie ihre gesamte Zeit und Energie in ihren Beruf stecken und bei ihren Stippvisiten zu Hause nur noch erschöpft vor dem Fernseher einnicken? Gewiss, sie zahlen, bestenfalls zahlen sie ordentlich, und das Geld mag ja auch ihren Kindern zugutekommen, aber der „Regenbogen" verglimmt im Nebel der Indifferenz. Dass es herrlich ist zu leben, können sie in die Kinderseele so nicht hineintransportieren.

Ich bin mir durchaus bewusst, dass Eltern es heute nicht leicht haben. Die Jobs liegen nicht mehr „auf der Straße", wie es in der klassischen Wohlstandszeit der Fall war. Die Lebenshaltungskosten steigen, Werbung und Verlockung hämmern pausenlos auf die Menschen ein, die Konjunkturaussichten sind trübe, die Schulden wachsen alsbald über den Kopf, und die Weltlage trägt auch nicht zum Optimismus bei. Um bei alledem „die Nerven" zu behalten, bedarf es einer robusten Konstitution, aber gerade *die* ist meistens auf Grund von ungesunder Ernährung, zu wenig Bewegung, zu wenig Schlaf und zu wenig Bescheidenheit nicht verfügbar. Und dann funken auch noch die Kinder dazwischen mit ihrem Gequengel und ihren kleinen Unarten ... Da schnellt die Zahl der häuslichen Turbulenzen in die Höhe …

Was soll ich sagen? Soll ich mich wiederholen und nochmals vom Verzicht sprechen? *Ein ruhiges, einfaches Leben ist einem gehetzten, komplizierten Leben stets vorzuziehen.* Eltern tragen eine vielfache Verantwortung, und die größte davon ist ihr Vorbild. Sämtliche Informationen, Instruktionen, Sanktionen, Maßregelungen, Ratschläge, Bitten und Befehle, die sie an ihre Kinder im Zuge der Erziehung austeilen mögen, werden maximal bis zu deren Pubertät wirksam sein; und der Eintritt in die Pubertät hat sich heute ziemlich nach vorn verlagert. Nach der Pubertät sinkt die Effizienz solcher Bemühungen rasant. Das elterliche Vorbild jedoch wirkt über unsichtbare Kanäle weiter, manchmal lebenslang, und so mancher Erwachsener plagt sich noch redlich damit, es abzuschütteln, wenn ein negatives Vorbild ihn von seinen eigenen Bahnen wegzerren will. Sind Eltern aber trotz der täglichen Schwierigkeiten imstande, ein Vorbild der gegenseitigen Wertschätzung und der Wertschätzung ihrer Kinder zu kreieren, dann haben ihre Kinder das große Los gezogen. Denn sie werden selber mit hoher Wahrscheinlichkeit zu wertschätzenden – und das heißt: zu glücklichen Menschen heranreifen.

Können Sie das: alles scheinbar Wichtige ein bisschen zur Seite legen, sich aus allen scheinbaren Zwängen ein bisschen heraushalten und – in der Liebe bleiben? Wenn Sie das können, sind Sie die idealen Eltern.

Wie man miteinander spricht …

Drehen wir die Frage um: Entwickeln auch Ihre Kinder genügend Liebesfähigkeit? Das hätten Sie gerne? Nun, dann nehmen Sie Ihren eigenen Kommunikationsstil genau und ehrlich unter die Lupe.

Ein Sprichwort besagt, dass man so schläft, wie man sich bettet. Ich möchte dazu ergänzen, dass man sich im Wachzustand so wohl fühlt, wie man redet. Die Sprache ist in unserer Zivilisation nun einmal das Kontakt- und Verständigungsmittel Nummer Eins zwischen uns Menschen. Ihrer Kultivierung gebührt höchste Aufmerksamkeit. Warum man in den allgemein bildenden Schulen kein eigenes Fach für Rhetorik einrichtet, ist mir ein Rätsel. Sämtliche psychologischen Untersuchungen zu Querverbindungen zwischen flüssiger Eloquenz auf der einen Seite und sozial-integrativen Vorteilen bzw. positiven Selbstbildern auf der anderen Seite zeigen: Personen, die sich sprachlich gewandt und differenziert ausdrücken können, haben ein Plus in jeder Lebenslage. Können sie sich noch dazu „höflich" und respektvoll ausdrücken, sind sie vor einer riesigen Menge Kummer und Missverständnissen gefeit. Es wurde zum Beispiel nachgewiesen, dass Jugendliche kaum tätliche Gewalt anwenden, wenn sie mit Worten (statt mit Schlägen) sagen können, was ihnen missfällt. Man glaubt es kaum, aber ein Rhetorik-Kurs würde so manche kriminelle Laufbahn unterbinden. Wirft einer dem anderen „Du blöde Sau!“ an den Kopf, weiß der andere oft nichts zu erwidern, und hebt deshalb die Faust oder zieht sein Messer. Wüsste er gleichmütig zu sagen: „Hat dich etwas geärgert?“ oder „Ich glaube, du hast heute keinen guten Tag!“ oder „Falls du mit mir sprichst, schlage bitte einen freundlicheren Ton an!“ oder „Lass uns weiter reden, sobald du dich beruhigt hast!“ oder „Weißt du, auf ‚blöde Sau‘ reagiere ich nicht!“ usw., könnte die Situation deeskalieren.

Es ist auch längst nachgewiesen, dass schüchterne, gehemmte Personen sprunghaft an Selbstsicherheit gewinnen, sobald sie gelernt haben, ohne Scheu vor einer Gruppe zu sprechen und ggf. ihre Ansicht zu vertreten. Es ist, als ob sie plötzlich keine „Winzlinge“ mehr sind, sondern zu gefestigten Persönlichkeiten herangewachsen sind, denen man zuhört und die man ernst nimmt. Sie fangen an, sich selbst ernst zu nehmen und verstehen besser, was sie selber wollen. Die enge Verwobenheit von Sprache und Denken führt von klaren Sprachdarstellungen zu klar geordneten Denkakten und wieder zurück in gegenseitiger Befruchtung. Der lange Weg vom blutigen Kriegsgemetzel zum gesitteten Roundtable-Gespräch, den die Völker dieser Erde mühsam einzuschlagen versuchen, hält auch für den Einzelnen bei seinen mitmenschlichen Berührungen ein enormes Friedenspotenzial parat. Kann in den Familien in Ruhe gemeinsam besprochen werden, was gerade anliegt, sei es Krise, sei es Chance, werden sich immer konsensfähige Lösungen finden. Und vor allem: *Wird* ausgesprochen, was Sache ist, und wie der Einzelne sich dabei fühlt, wird also nicht aus Scham, Hilflosigkeit, unterdrückter Wut, Angst vor loszutretender Wut und ähnlich ungesunden Motiven heraus geschwiegen, dann lässt sich in gemeinsamen familiären Anstrengungen praktisch jede Herausforderung meistern.

Genau so, wie die Kleinkinder die Muttersprache erlernen, nämlich durch Anhören und Nachahmen, erlernen sie auch den verbalen Umgangston im Miteinander. Über die Brücke der Sprache erlernen sie die Achtung voreinander oder die Missachtung untereinander. Bei den vielen alltäglichen Kleinigkeiten, die zwischen den Eltern (oder auch Großeltern) zur Sprache kommen, ist es ein erheblicher Unterschied, ob in diesem Gedankenaustausch immer noch – sogar nach vielen gemeinsamen Jahren – eine Spur von gegenseitiger Achtung mitklingt oder nicht. Abwertende Aussprüche wie etwa: „Das geht dich nichts an!“, „Hör auf, du nervst mich!“, „Kümmere dich um deinen eigenen Kram!“ „Von dir kann man überhaupt nichts haben!“ und ähnliche, die die Person des anderen herabsetzen, sind nicht nur Gift für jede Partnerschaft, sie sind auch Gift für die lauschenden Kinder.

Und man täusche sich nicht. Kinder sind, auch wenn sie unbeteiligt scheinen, äußerst hellhörig für Misstöne im Gespräch. Um ihre kleine Welt irgendwie zu ordnen, ergreifen sie bei elterlichen Differenzen über kurz oder lang Partei. Aber nicht nur das. Sie lernen sukzessive, dass man einem Nahestehenden alles bedenkenlos ins Gesicht sagen darf; dass man sich daheim nicht zu beherrschen braucht. Dass man zur Lehrerin oder zur Frau Nachbarin rücksichtsvoller sein muss als zur Ehefrau, oder dass man den Vikar oder den Herrn Nachbar nicht so beschimpfen darf wie den Ehemann. Damit soll nicht behauptet werden, dass man sich von nahestehenden Menschen alles gefallen lassen oder dass man immer nachgeben müsste. Es geht um die Wertschätzung der Person, die gerade dann, wenn man deren Meinung nicht teilt oder deren Verhalten für schlecht hält, *trotzdem noch gewahrt werden soll*. Ein schwieriges Unterfangen? Das stimmt. Aber wer ein Kind hat, sollte sich beizeiten darin einüben. Denn es kommt der Tag, an dem er auch ein bestimmtes Verhalten seines Kindes als verwerflich betrachten wird und fähig sein muss, dies deutlich zu sagen, ohne dass sein Kind glaubt, er verwerfe es selbst.

FALLBEISPIEL:

In der psychologischen Familienberatungsstelle, die ich vor Jahren in München geleitet habe, besuchte ein Junge unsere Legasthenikergruppe. Eines Tages kamen seine Eltern, um ihn abzuholen. Während sie im Vorraum warteten, kam es zwischen ihnen zu einem Streit. Als der Junge das Gezänke seiner Eltern hörte, stürmte er aus dem Therapieraum zu seinen Eltern hinaus und begann ebenfalls auf sie einzuschreien. Ich beendete die Szene, indem ich alle drei zu mir ins Zimmer bat.

„Ich weiß nicht, worum es bei Ihrer Auseinandersetzung geht", sagte ich. „Aber ich mache Ihnen einen Vorschlag: Führen Sie Ihr Gespräch hier bei mir weiter, allerdings unter gewissen Spielregeln. Wir setzen uns rund um meinen Tisch. Ich spreche nicht mit, ich bin nur ein ‚Kontrollautomat'. Diese Taschenlampe hier in meiner Hand wird nämlich immer dann aufleuchten, wenn einer von Ihnen etwas sagt, das die Würde eines anderen verletzt. In diesem Fall, wenn also die Taschenlampe aufleuchtet, muss derjenige, der soeben gesprochen hat, das Letzt-Gesagte sinngemäß wiederholen, jedoch ohne Herabsetzung des anderen. Dann geht das Gespräch normal weiter. Es spricht jeweils nur einer, und die Regel mit der Taschenlampe gilt für alle. Wollen Sie es versuchen?"

Die Familie war nach anfänglichem Zögern einverstanden. Sie stellte es sich allerdings leichter vor, als es für sie war, denn ich kam mit dem Ein- und Ausschalten der Taschenlampe kaum nach. Keine der drei Personen war gewohnt, sich in angemessener Form zu äußern. Und darum ging es ja: um die Form – und nicht um den Inhalt. Allmählich verstanden sie jedoch, worauf ich hinaus wollte, sodass ihr Disput ungefähr so endete:

Frau zum Mann: „Ich finde es wirklich unverschämt, was du von mir verlangst! Was glaubst du denn, wer du bist? Der Pascha von ...?"
Die Taschenlampe leuchtete auf.
Frau zum Mann (Wiederholung): „Ja, hm ..., du überforderst mich, wenn du so viel von mir verlangst. Ich kann doch am Nachmittag nicht alles gleichzeitig machen."
Mann zur Frau: „Du hörst nie zu, was ich sage! Du sollst bloß mit dem Jungen regelmäßig üben, damit er kein Depp bleibt!"
Die Taschenlampe leuchtete auf.
Mann zur Frau (Wiederholung): „Ich ..., ich will dich gar nicht überfordern. Mir ist nur wichtig, dass unser Sohn in der Schule mitkommt."
Sohn zum Vater: „Ich bin kein Depp! Bist selber einer!"

Die Taschenlampe leuchtete auf.
Sohn zum Vater (Wiederholung): „Äh ..., äh ..., es macht mich einfach traurig, wenn du mich einen Depp nennst."
Vater zum Sohn: „Entschuldige, das ist mir im Zorn rausgerutscht. Natürlich bist du keiner. Du wirst deinen Weg schon gehen."
Frau zum Mann: „Das wird er. Und ich kann ihm am Dienstag und Freitag nachmittags doch sein Sporttraining nicht verbieten! Da sind all seine Freunde dabei ..."
Sohn zur Mutter: „Danke, Mama!"
Mann zur Frau: „In Ordnung, das seh' ich ein. Ich war auch einmal ein Sportfreak. Es gab eine Zeit, da hätte ich am liebsten am Fußballplatz übernachtet ... Nur kann man sich eben vom Sport nicht ernähren."
Sohn zum Vater: „Du mit deinem ewigen Zukunftsgequatsche! Scheiß auf später!"
Die Taschenlampe leuchtete auf.
Sohn zum Vater (Wiederholung): „Bitte Papa, drohe mir nicht ständig mit Arbeitslosigkeit und Ähnlichem. Ich übe sowieso für die Schule. Und was später sein wird, interessiert mich jetzt nicht."
Vater zum Sohn: „Freilich, in deinem Alter zählt nur die Gegenwart, und das ist ja recht so ... Was soll's? Wahrscheinlich mache ich mir zu viele Sorgen ... Ich weiß halt, wie gnadenlos die Konkurrenz heutzutage ist ..."

Frau zum Mann: „Lass es gut sein. Von den vielen Sorgen wirst du bloß krank. Und das möchten wir nicht. Wir beide brauchen dich doch …"
Mann zu Frau und Sohn: „Es ist schön, das zu hören …"

Als die drei mein Sprechzimmer verließen, einigten sie sich darauf, zu Hause stets eine Taschenlampe in Reichweite zu halten. Verschmitzt erklärte der Junge, er werde der Ein- und Ausschalter sein …

Ihr Vorbild ist Ihr kostbarstes Instrumentarium, und allem voran Ihr sprachliches Vorbild. Wie Sie in die Kinderseele hineinrufen, so hallt es aus ihr heraus. Einzig m i t Liebe können Sie z u r Liebe erziehen.

Einfaches, naturverbundenes Leben

Zur Schulung der Liebesfähigkeit gehört außer der Achtung vor den Menschen auch die Aufgeschlossenheit gegenüber der Natur und ihren Lebewesen. Umweltschutz beginnt in der Innenwelt des Kindes.

Schon in den Augen der ganz Kleinen spiegelt sich ihre Neugierde und ihre Begierde, die vorfindlichen Dinge ringsum zu erkunden. Ihre Streifzüge stellen die Eltern manchmal auf eine harte Probe, aber die Abenteuerlust steckt dem *homo sapiens* eben im Blut. Dies ist eine nie versiegende erstklassige Gelegenheit, das Empfinden für die Schönheit der Schöpfung grundzulegen. Es ist keine Schande, mit einem Kind bei einer kleinen Blüte in der Wiese niederzuknien und mit ihm die harmonischen Farben und die zarten Adern der Blütenblätter zu bestaunen. Es ist nicht absurd, bei einem gemeinsamen Spaziergang stehen zu bleiben und dem Rauschen der Büsche im Wind, dem Summen der Insekten, dem Atem des Sommers zu lauschen. Kinder, die von Anfang an zu viel auf das bloße Konsumieren eingestellt werden, büßen an Erlebnisfähigkeit ein. Die Trimmung, immer etwas zu begehren, trübt ihnen die Sicht auf nicht zu besitzende Kostbarkeiten wie Fluren, Wälder, Berge, Seen, Wolken, Vögel usw., die uns schlicht mit ihrem Dasein erfreuen. Es gibt Kinder, die können an keinem Spielwarengeschäft vorübergehen, ohne dies und das aus der Auslage zu wünschen. Sie können an keiner Lebensmittelkasse warten, ohne an einem Happen zu knabbern. Sie können in keiner Bahn fahren ohne Kopfhörer in den Ohren. Sie können auch nicht auf einer Bank Rast machen, ohne sich nach einem tragbaren Fernsehgerät zu sehnen bzw. versunken in ihr Smartphone zu starren. Umfragen zufolge kennen über 95 Prozent der Acht- bis Zehnjährigen den Sternenhimmel nicht mehr - wie sollten sie auch? Beim Shoppen, beim städtischen Abendbummel, beim Surfen im Internet baden sie ununterbrochen in künstlichem Licht. Und alles, was sie wahrnehmen, wird durch den Filter „Möchte ich das haben oder nicht?" sortiert. Sie tun mir so leid, diese jungen Menschenkinder, die in einer unsichtbaren Geldmaschinerie kleben wie die Fliegen an einem von der Decke baumelndem Leimband.

FALLBEISPIEL:

Ein neunjähriger Bub erzählte mir einmal, dass er, wenn seine Eltern tagsüber in der Arbeit waren, herumstreunte. „Was machst du dann? Ist dir nicht langweilig?", fragte ich ihn. „Wenn mir langweilig ist, nehme ich einen Stock und schlage Käfer und Bienen tot", war seine Antwort.

Dieses Fallbeispiel wird uns in einem Folgekapitel noch einmal beschäftigen, weil die Geschichte zunächst gar nicht gut weiter ging. Hier möchte ich vorerst nur die Hypothese aufstellen, dass der Bub, hätte er den Sternenhimmel gekannt, ja, hätte er ihn öfter nachts betrachtet, Schulter an Schulter mit einem Elternteil –, vielleicht zu viel Ehrfurcht vor dem Universum gehabt hätte, um Minikreaturen zu zerschlagen, die in einem äonenlangen Prozess diesem Universum entstiegen sind. Schon vor Tausenden Jahren haben sich unsere Vorfahren am Sternenhimmel orientiert, und dies nicht nur zu Navigationszwecken. Wer andächtig ins All blickt, spürt das Walten eines ewigen Willens so „seelennah" und mitunter so „hautnah", dass es ihm einen Schauer über den Rücken jagt. Bewusst oder unbewusst spürt er, dass das Heil nur in einer Konkordanz mit diesem ewigen Willen zu suchen und zu finden ist ... Kinder mit ihrer noch unbeschnittenen Intuition können das sogar noch deutlicher empfinden als wir Erwachsenen.

Fassen wir zusammen:

1. *Vom Vorbild der Eltern hängt mehr für ihre Kinder ab, als man im Allgemeinen denkt.* Eltern, die der Na-

tur verbunden sind, die fröhlich und kreativ sind, machen es ihren Kindern leicht, Leben wertzuschätzen und die Welt zu lieben. Eltern, die bescheiden sind, was heißt: wenig rauchen, wenig Alkohol trinken, wenig essen, wenig kaufen, wenig vor dem Bildschirm sitzen, dafür aber sich viel bewegen, viel gemeinsam unternehmen und achtungsvoll miteinander reden, sind geradezu Helden, denn sie schwimmen gegen den Zeitstrom. Nicht immer werden ihre Kinder gerne mit ihnen mitschwimmen, speziell wenn die Klassenkameraden mit den neuesten Modeartikeln protzen. Das gehört zum Verzicht nun einmal dazu: Er muss ausgehalten werden. Aber eines kann man den „Helden-Eltern" in die Hand versprechen: Einmal werden ihre Kinder froh darum sein, unbeschwert und vom Haben weitgehend unabhängig die Schätze dieser Erde genießen zu können, egal, wie es mit der Konjunktur gerade stehen mag. Einmal werden sie von Herzen lachen, mit starken Beinen durch die Natur laufen und mit anderen Menschen geschickt kooperieren können, ungeknickt von der täglichen Arbeitsbürde und unbeeinträchtigt von virtuellen Täuschungen und Verführungen in der Freizeit.

2. *Von der Gesprächskultur der Eltern hängt mehr für ihre Kinder ab, als man im Allgemeinen denkt.* Eltern, die sich Zeit nehmen, um in Ruhe und Geduld mit ihren Kindern über alles zu sprechen, was die Kinder gerade umtreibt, machen es ihren Kindern

leicht, Zusammenhänge zu verstehen und Schwierigkeiten des Lebens zu meistern. Eltern, die ihren Kindern dabei Offenheit, Sachlichkeit und dialogische Kommunikation beibringen, verdienen wiederum höchsten Applaus. *Offenheit* bedeutet, seinem Gegenüber ehrliche und aufrichtige Informationen zu geben. *Sachlichkeit* bedeutet, das emotionale Beiwerk im Gespräch nicht ausufern zu lassen, weil sonst die Gefahr droht, dass das Gegenüber auf die Gefühle (Wut, Ärger, Verzweiflung …) statt auf den Inhalt des Gesagten reagiert. *Dialogische Kommunikation* schließlich bedeutet, dass abwechselnd gesprochen und zugehört wird, also auch das Gegenüber stets angemessen zu Wort kommen darf und vernommen wird.

Kinder, die diese Regeln beherrschen, brauchen keine Käfer zu töten, wenn ihnen langweilig ist, um an das obige Fallbeispiel anzuknüpfen. Sie können ausdrücken, wenn und warum sie leiden, statt zu schlagen, zu schlucken, zu lügen, in Tagträume zu flüchten und Ähnliches. Und sie finden immer Personen, mit denen zusammen sie Lösungen „erdiskutieren" können, welche sie dann aus der verbalen Ebene in die reale Ebene hinein umzusetzen vermögen.

Ist das alles zu viel verlangt von den Eltern? Ich weiß wohl, dass es die meisten von ihnen gut meinen mit ihren Kindern. Dass sie reichlich positive Vorsätze haben. Dass sie sich wirklich bemühen …

Ich habe zahlreiche Mütter bei mir sitzen und weinen gesehen, weil sie es letztlich nicht schafften, so zu erziehen, wie sie es wollten. Gewiss verdienen Eltern ein bisschen Nachsicht. Familie, Haushalt, Beruf, Schule, Geldplanung, Auto, Urlaub – pausenlos gilt es, sich als tüchtig zu erweisen und richtige Entscheidungen zu treffen. Wer schlapp macht, wer fehlkalkuliert, sitzt schon in den Nesseln. Eltern sind schnell erschöpft, und Kinder tragen nicht zur Erholung bei. Da hilft nur: *„Simplify your life"*, wie ein Bestsellertitel lautet, der in zwanzig Sprachen übersetzt wurde und eine Millionenauflage erreicht hat. Zurück zum einfachen Leben! Wozu z. B. die schreckliche Weihnachtshektik, wozu die strapaziösen Fernreisen? Wozu die Hypotheken, die kostenaufwendigen Hausumbauten etc.? Ein gemütlicher Abend zu Hause mit Spiel und Gesang, ein Picknick im Grünen, ein Rundgang im Park laben Alt und Jung. Man merke: Erschöpft ist nicht, wer Kinder hat, sondern erschöpft ist, wer sich zuviel aufhalst und dann die Geister, die er rief, nicht mehr los wird!

Wahrscheinlich dämmert Ihnen langsam die Erkenntnis, dass Erziehung in erster Linie Selbsterziehung verlangt. Dass die Geburt Ihres Kindes Ihnen mehr noch als Ihre eigene Geburt auferlegt, sinnvoll zu leben.

Ist Ihr Kind (milieu)geschädigt?

Es gibt Schicksalsfaktoren, die unsere Ideale durchkreuzen. Hat Ihr Kind all das, was wir ihm wünschen, vermisst? Ist es unter ungünstigen Bedingungen aufgewachsen? Gibt es dennoch Hoffnung? Was glauben Sie?

Wer mit Kindern privat oder beruflich zu tun hat, braucht wahrhaft einen starken Glauben. Und ist es nicht der Glaube an einen Herrgott, dann sollte es zumindest der Glaube an jedes einzelne Kind sein, das er ein Stück auf dessen Lebensweg begleitet. Ohne diesen Glauben wäre er ein untauglicher Begleiter. Denn er würde jedes „verirrte" Kind für verloren halten und aufgeben.

In der Fachsprache nennt man die „Ungläubigen" Deterministen. Sie behaupten, dass wir Menschen unseren „Determinanten", also den Bedingungen, die unser Sein und Werden bestimmen, ausgeliefert sind. Zugegeben, die Argumente der Deterministen sind gewichtig. So hat die moderne Genforschung bestätigt, dass viele unserer Verhaltensweisen bereits im Erbgut angelegt sind. Und dies nicht nur als

Kopien elterlicher und großelterlicher Tendenzen. Generationen von Ururahnen aus der Steinzeit haben ihre Prägungen in uns hinterlassen. Tappen wir zum Beispiel heute durch einen finsteren Wald, dann jagt uns das leiseste Knistern im Unterholz deswegen ein Unbehagen ein, weil es für jene Ururahnen das Nahen eines wilden Tieres signalisieren konnte. Automatisch stockt unser Schritt … Noch viel mehr ticken die Charakterzüge der näheren Vorfahren in unseren Köpfen. Neigungen zu Depressionen, Süchten, Gewaltexzessen, aber auch Züge von Genialität, Musikalität, Forschergeist u. Ä. lassen sich in Familiengeschichten weitläufig zurückverfolgen.

Die modernen Hirnforscher sind zwar uneins darüber, inwieweit das Gehirn menschliches Verhalten diktiert, aber fest steht, dass die geringste Beeinträchtigung oder Veränderung in diesem hochkomplizierten Organ Auswirkungen auf Leib und Seele hat. Personen mit cerebralen Dysfunktionen können sich nicht hinreichend kontrollieren, können Vorgänge in der Außenwelt nicht aufmerksam verfolgen, nicht richtig einordnen usw., genauso wie ein Angetrunkener nicht sicher aufrecht gehen kann, auch wenn er es noch so gerne möchte. Und selbst dieses „möchten“ hängt mit vom Gehirn ab: Entsprechende Schädigungen hebeln jegliches „möchten“ aus. Zu alledem vernetzt sich das Gehirn mit den Milieueinflüssen, denen ein Mensch ausgesetzt ist. Denn das Gehirn „lernt" ununterbrochen, was ja seine Aufgabe ist, aber zum geringsten Teil lernt es Schulstoff. Es lernt, dass man minderwertig ist, wenn einem dies oft genug einsuggeriert wird. Es lernt, dass man mit rohen Späßen und flegelhaftem Benehmen der Boss ist, wenn das die älteren Jahrgänge vordemonstrieren. Es lernt, dass man Frauen flach legen muss, um ein echter Mann zu sein, wenn das im Kino gezeigt wird. Es lernt, dass es eine Gaudi ist, mit Alkoholfahne und schickem Wagen durch die Gegend zu rasen, wenn das die TV-Serien propagieren. Freilich hat das Gehirn auch die Fähigkeit, etwas wieder zu verlernen, wenn dieses Etwas mit Neuem „überschrieben" wird. Aber es bedarf viel Neues, um Altes zu tilgen. Wer jemals beim Tippen oder Klavierspielen einen falschen Fingersatz eingeübt hat, weiß davon ein Lied zu singen ...

Erbgut, Gehirnentwicklung, Erziehungsmilieu determinieren uns - bleibt überhaupt ein Selbstgestaltungsfreiraum übrig? Jugendliche mit erblicher Belastung, mit Hospitalismusschäden, Jugendliche, denen die Mutter-Kind-Beziehung, ein positives Elternvorbild und alle Vorbedingungen für integratives Sozialverhalten gefehlt haben, Jugendliche mit organischen Handikaps, in der Reifeentwicklung zurückgeblieben, aber hormonell vorausentwickelt, unruhig und enthemmt, oder Jugendliche aus katastrophalen Familienmilieus, in denen Streit, Brutalität und kriminelle Übergriffe an der Tagesordnung sind, all diese Jugendlichen, fehlgesteuert, fehlgeprägt ... – haben sie überhaupt noch eine Chance auf Gesundung und Renormalisierung? Haben sie noch die Möglichkeit, mit oder ohne fremde Hilfe ihr Leben besser zu gestalten, als es ihre Startbedingungen prophezeien? Oder sind sie dazu „verdammt", lebenslänglich Opfer ihrer Umstände zu sein?

Paul Weiss von der Rockefeller University in New York hat zu dieser Fragestellung interessante Parallelen zwischen der Physik und der Biologie gezogen. 1998 hat er auf einem Symposium zum Thema „Willensfreiheit" einen sogenannten *Schichtendeterminismus* entworfen. Dabei wies er darauf hin, dass, naturwissenschaftlich gesehen, ein *Makrodeterminismus* nicht geleugnet werden kann, denn die großen Naturvorgänge laufen zweifellos in einer endlosen Kette von Ursachen und Wirkungen ab, in der belebten Welt wie in der unbelebten, beim Menschen nicht anders als im gesamten Kosmos. Dennoch, erklärte Weiss, gilt dieser Determinismus im Mikrobereich offensichtlich nicht. Es bleibt in kleinsten Bereichen stets ein Variationsspielraum übrig, der scheinbar dem Zufall ohne jegliche Vorprogrammierung offen steht. Er formulierte seine Einsicht wortwörtlich so: „Ich könnte ohne Weiteres die

Gültigkeit dieses Prinzips der Determiniertheit im Großen *trotz erwiesener Unbestimmtheit im Kleinen* auf praktisch jeder Ebene und jedem Gebiet der Biowissenschaften beweisen." Und er führte anschließend eine Reihe von solchen Beweisen aus, von den Genmutationen angefangen, über „freie" Zellwanderungen in Organismen bis hin zu Pflanzen- und Tierarten, die sich in winzigen Spaltbreiten undeterminiert verändern. Seine Konklusion war, dass erst recht dem fortschrittlichsten Biowesen, das wir kennen, dem Menschen, ein Mikrofreiraum gegeben sein muss bei aller Makrobestimmtheit.

Solche Studien ermutigen uns Psychologen, an das geistige Potenzial im Menschen zu glauben, von dem Viktor E. Frankl unermüdlich behauptete, es entreiße uns Menschen dem „Bloßes-Opfer-Sein" und gestatte uns in fast jeder Lage, uns zum aktiven Mitgestalter unseres eigenen Schicksals aufzuschwingen. Wir glauben an eine „Willensfreiheit" im Kleinen, und diese soll und muss genügen für jene fehlgeleiteten Jugendlichen, die ich aufgezählt habe. Auch sie können „minifreie" Entscheidungen treffen. Sie können an sich arbeiten. Sie können die Augen öffnen für echte Alternativen zu ihren eigenen desolaten Erfahrungen, Alternativen, die es ja rings um sie gibt. Sie können tollkühn aufbrechen zu fremden Ufern wie einst die Seefahrer, die sich in unbekannte Meere gewagt haben. Sie sind keine hoffnungslos Verlorenen, keine vom Schicksal Verdammten, o nein, sie sind wertvolle und würdevolle Personen, urgewollt und urerwünscht auf Erden, hineingestellt mitten ins Leben mit dem Auftrag, ihre bitteren Startbedingungen zu überwinden und Zeugnis davon abzulegen, dass in ihnen der Geist wohnt, der alles neu macht, und dass sie unendlich viel mehr sind als das, was versagende Erzieher und ungünstige Verhältnisse ihnen angetan haben. *Das* soll unser „pädagogisches Credo" sein, dann dürfen wir hingehen und uns um diese jungen Leute kümmern, selbst wenn wir zehnmal abblitzen und sie jeden Rat in den Wind schlagen. *Nichts Gutes ist umsonst, das man in Menschen investiert.* Auch Eltern von „missratenen" Söhnen und Töchtern mögen den Mut und den Glauben nicht verlieren. Nicht, was schief gelaufen ist, wird am Ende zählen, sondern einzig die Liebe, die nicht gewichen ist, die durchgehalten hat, erwidert oder nicht, begriffen oder nicht, die uneigennützige Liebe, die so zeitlos ist, dass sie nie zu spät kommt, für Lebende nicht und für Tote nicht.

Junge Menschen spüren sehr genau, ob sie trotz ihres vielleicht ruppigen Benehmens wertgeschätzt werden. In diesem Zusammenhang passt ein weises Wort von Wolfgang von Goethe besonders gut, das lautet: „Wenn man den Menschen sieht, wie er ist, macht man ihn schlechter. Wenn man ihn aber sieht, wie er sein soll, so macht man ihn zu dem, der er (bestenfalls) sein kann." Diese optimistische Metamorphose wird nicht immer gelingen, aber *wenn* ein Fortschritt gelingt, dann nur auf diesem Weg. Und noch ein Umstand hilft uns. Jugendliche sind naturgemäß auf Oppositionskurs. Sie müssen sich ja aus dem „Nest" befreien und die Reste ihrer „Nabelschnur" abstreifen, um selbständig zu werden. Also sollen sie gegen ihr ungünstiges Schicksal opponieren! Die Eltern waren schwach, krank, unwissend …, haben ihre Kinder bei wechselnden Ersatzpersonen abgegeben … – ist das ein Grund, es ihnen gleichzutun und Freunde und Bekannte vor den Kopf zu stoßen? Hier sollen die Jugendlichen ihren Trotz einsetzen; dem negativen Sog sollen sie trotzen! Manche Jugendliche haben zu Hause nicht genug Wärme und Verständnis gefunden, sind gar geprügelt und gequält worden … – ist das ein Grund, das Unglück fortzusetzen und sich wiederum an anderen zu vergreifen? Hier sind Gegenmächte zu mobilisieren, um nicht aus lieblosen Verhältnissen erneut in lieblose Verhältnisse hineinzutaumeln.

„Auf, ihr jungen Abenteurer, hinaus in unbekannte Welten!", sollte man ihnen zurufen. „Zieht aus, um all das Schöne zu entdecken, das euch bisher vorenthalten war! Ihr seid keine Herdentiere, ihr müsst nicht auf eingetretenen Pfaden dahintrotten oder mit der Masse laufen! Ihr seid einzigartige Individuen voller Ressourcen, ihr könnt eure Persönlichkeit auf Glanz polieren, wenn ihr dies beharrlich wollt, ihr könnt mit der Strahlkraft eurer Jugend den alten Gespenstern entrinnen! Auf, dreht euch nicht um; vergebt, was war, schleppt es nicht mit euch herum! Euer Leben liegt vor euch ausgebreitet und wartet auf euch! Ihr könnt euch weiterentwickeln und es nach euren eigenen Ideen durchkomponieren!"

Wer solche und ähnliche Botschaften lanciert, gewinnt meistens die Kooperation der jungen Leute und kann ihnen noch den einen oder anderen wohlmeinenden Tipp mit auf ihre Entdeckungsreise geben.

Niemand ist „verloren". Es gibt keine „aussichtslosen Fälle". Schwierige Startbedingungen ins Leben sind zutiefst traurig; und dennoch kann ihnen mittels der „Trotzmacht des Geistes" (Frankl) entgegengewirkt werden.

Ein Mädchen und drei Wege

Kein Kind muss die Fehler seiner Eltern wiederholen. Und das will auch keines. Das Problem ist nur, dass ihm die elterlichen Irrwege vertraut sind, während ihm die weiter führenden Höhenwege unvertraut sind.

FALLBEISPIEL:

Eltern riefen ziemlich verzweifelt in meiner Familienberatungsstelle an. Ihre 17-jährige Tochter habe sich mit einem Ausländer eingelassen und wolle mit ihm zusammenziehen. Sie vernachlässige ihre Bäckerlehre, schwänze die Berufsschule und habe ihre gesamten Ersparnisse abgehoben und offensichtlich dem Freund gegeben. Was könnten sie als Eltern tun? – Ich bat sie, das Mädchen zum Gespräch mitzubringen.

Als sie eintrafen, holte ich mir zuerst die Jugendliche allein ins Zimmer. Sie kam mit einem finsteren, abweisenden Gesicht, auf dem zu lesen stand, dass ihre Angelegenheiten mich nichts angingen.

Ich bat sie, davon auszugehen, dass ich keine „Anwältin" ihrer Eltern sei. Auch wolle ich sie nicht bevormunden, denn sie werde selbst am besten wissen und spüren, was für sie richtig sei. Allerdings, fuhr ich fort, dürfte die Kommunikation zwischen ihr und ihren Eltern etwas „verheddert" sein, sonst wäre es nicht notwendig gewesen, eine fremde Person einzuschalten, um bestehende Konflikte auszuräumen. Gesprächsfragment (gekürzt):

Mädchen: Bei *denen* ist etwas arg verheddert, nicht bei mir! Jetzt wollen sie auf einmal mitreden!
Ich: „Auf einmal mitreden" – wie soll ich das verstehen? Haben die Eltern früher weniger „mitgeredet"?
Mädchen: Ins Internat haben's mich gesteckt, ob's mir gefallen hat oder nicht. Da haben sie sich nicht drum geschert, was mit mir passiert! Und jetzt auf einmal, nur weil er schwarze Haare hat … Das geht sie einen Dreck an!
Ich: Waren Sie lange im Internat?
Mädchen: Na, so lange, wie sie im Krach auseinander waren. Dann ist der Vater wieder zurückgekommen, und ich habe wieder heim dürf'n, in die „heile Familie".
Ich: Die Eltern haben also eine Zeitlang getrennt gelebt; da ist Ihre Mutter wahrscheinlich arbeiten gegangen und konnte Sie nicht versorgen …
Mädchen: Genau.

Ich: Das ist schlimm für Kinder, wenn sich die Eltern nicht gut vertragen …
Mädchen: Ach, die zanken sich alle Augenblicke. Nur jetzt sind sie sich einig, weil sie gegen mich sind. Und ich bleib nicht daheim, das sag ich Ihnen!
Ich: Sie möchten diesen vielen Zwistigkeiten entkommen und zum Freund ziehen?
Mädchen: Ja.
Ich: Sagen Sie, möchten Sie eigentlich Ihr Leben genauso einrichten wie Ihre Mutter? Früh heiraten, bald Kinder bekommen, Streit mit dem Mann, Trennung, arbeiten gehen müssen und die Kinder im Internat unterbringen; dann vielleicht wieder Versöhnung … – soll es bei Ihnen so ungefähr laufen?
Mädchen: Gott bewahre mich, ich mach' alles anders, ich bin ja nicht bekloppt!
Ich: Bitte erzählen Sie mir, wie Sie sich im Unterschied dazu Ihr Leben vorstellen?
Mädchen: Nun …, also ich tu' meine Kinder nicht ins Internat!
Ich: Sie werden einen Mann haben, der für Sie sorgt, wenn die Kinder klein sind?
Mädchen: Ja.
Ich: Dachte das nicht Ihre Mutter auch? Sie konnte doch die Unstimmigkeiten in der Ehe nicht voraussehen?
Mädchen: Nun, nun … so früh heirate ich nicht. Ich will mir einen richtigen Mann aussuchen, keinen so doofen …

Ich: Vielleicht hat das Ihre Mutter auch gedacht. Aber dann war Ihr Bruder unterwegs, da schien es ihr doch besser zu heiraten.
Mädchen: Ich hätt' deswegen nicht geheiratet!
Ich: Dann wären Sie gezwungen gewesen, Ihr Kind gleich von Anfang an in fremde Hände zu geben, und das ist genau das, was Sie nicht wollen ... Bedenken Sie: Nur wer unabhängig ist und auf eigenen Beinen steht, hat genug Zeit, sein Leben so geschickt wie möglich zu planen. Ihre Mutter ist schnell in eine Abhängigkeit von Ihrem Vater hineingerutscht, dadurch konnte sie manches nicht mehr so steuern, wie sie es vielleicht gerne gewollt hat.
Mädchen: Das stimmt, ich möchte nicht abhängig sein. Ich werde mein Leben selbst planen.
Ich: Bravo! Sie stehen jetzt an einer Wegkreuzung, und vor Ihnen gabeln sich drei Wege. Wohin diese drei Wege am Ende führen, ist Ihnen (und auch mir) unbekannt. Dennoch wissen wir eines: Auf zweien dieser Wege werden Sie begleitet - und Sie sind ein bisschen abhängig von den Begleitpersonen. Der gerade Weg vor Ihnen ist der, auf dem Ihre Eltern Sie noch eine Strecke lang begleiten. Es ist der bequemste Weg, er hat wenig Steigung und erfordert wenig Kraft von Ihnen, dafür hat er viele Wurzeln, über die Sie im nahen Kontakt mit Ihren Eltern stolpern können, was jedes Mal ein kleines Familiendrama gibt.
Mädchen: Den Weg geh' ich nicht!

Ich: Noch ein anderer Weg ist relativ bequem, obwohl er in scharfem Winkel von Ihrem bisherigen Lebenspfad abbiegt. Es ist der gemeinsame Weg mit Ihrem Freund. Dabei sind Sie wieder ein bisschen abhängig von Ihrem Begleiter; so gut seine Kräfte sind, so gut werden Sie zu zweit vorankommen. Es kann sein, dass dieser Weg zum selben Zielpunkt führt wie der Lebensweg Ihrer Mutter. Es kann sein, dass Sie einmal kaum bessere Wahlmöglichkeiten haben als Ihre Mutter; denn es ist der gleiche Ausgangspunkt.
Mädchen: Was ist der dritte Weg?
Ich: Das ist der schwerste, der steilste, nämlich der Weg, den Sie allein gehen. Niemand kann Ihnen diesen Weg vorschreiben. Er führt nur zu Zielen, die Sie sich selbst stecken, und Sie kommen so gut voran, wie Ihr eigener Kräfteeinsatz ist. Aber Sie sind unabhängig. Sie können sich den Weg einteilen. Sie wählen die jeweiligen Etappen selbst. Dieser Weg unterscheidet sich von dem Ihrer Mutter …
Mädchen: Ja, aber wie soll ich das machen? Dieser Weg würde mir schon gefallen!
Ich: Diesen Weg würden Sie zum Beispiel wählen, wenn Sie in ein Lehrlingsheim gingen, um dort eine Weile zu wohnen. Tagsüber haben Sie Ihre Arbeit, abends sorgen Sie für sich selbst. Sie können sich mit Ihrem Freund treffen, aber Sie müssen sich nicht mit ihm treffen. Sie haben Zeit, ihn und sich zu prüfen, ob Ihre Partnerschaft wirklich auf Dauer eine

Chance hat. Sie können Ihre Eltern besuchen, wenn Sie wollen, aber Sie müssen nicht bei jedem ehelichen Schlagabtausch dabei sein. Sie sind selbständig.
Mädchen: An das hab' ich noch gar nicht gedacht.
Ich: Voraussetzung für diesen Weg ist allerdings, dass Sie stetig voranschreiten, ohne stehenzubleiben. Das heißt: regelmäßig arbeiten und die Lehre und die Berufsschule zügig absolvieren, denn nur so können Sie auch finanziell unabhängig werden. Außerdem brauchen Sie auf diesem Weg immer ein lohnendes Ziel vor Augen, auf das Sie zumarschieren, weil Ihnen niemand mehr vorschreibt, wohin es gehen soll. Ihre eigenen Ziele sind Ihre Wegweiser, und was Sie erreichen, haben Sie dann aus eigener Kraft erreicht …
Mädchen: O ja, das möchte ich! Da werden die Eltern staunen, wenn ich alles alleine schaffe!
Ich: Holen wir die Eltern herein zum Gespräch, und unterbreiten wir Ihnen unseren Vorschlag!

Nach vier Monaten rief ich bei den Eltern an, um mich nach ihrer Tochter zu erkundigen. Die Mutter berichtete, dass es ihr gut gehe; sie arbeite regelmäßig und – das Neueste – sie habe sich von ihrem Freund getrennt. „Sie ist darauf gekommen, dass er sie nur ausnützt", sagte die Mutter. „Und seit sie in dem Lehrlingsheim wohnt, geht es zu Hause viel friedlicher zu, wenn sie zu Besuch kommt. Ich koch' dann was Feines, was ihr schmeckt, und sie bringt mir ihre Wäsche für die Waschmaschine; da ist sie ganz froh, dass sie noch Eltern hat. Gott sei Dank haben wir diese Krise überwunden. Mein Mann und ich beobachten mit Erleichterung, dass unsere Tochter zunehmend erwachsen wird. Ich wünschte, ich wäre in ihrem Alter so selbständig gewesen wie sie …“

Ich freute mich über diese Rückmeldung. Das Mädchen hat sich zweifellos für den richtigen Weg entschieden.

Kritisieren ist leicht, und Besser-Machen ist schwer. Deswegen hat niemand das Recht, seinen Eltern Vorwürfe zu machen, solange er nicht unter Beweis gestellt hat, dass er es tatsächlich besser macht als sie.

Was brauchen die „Kids" von morgen?

Gewaltige Umbrüche sind derzeit im Gang, deren Folgen unvorhersehbar sind. Denn nicht nur verändern die Menschen die Welt, wie sie es bisher taten – die „schöne neue Welt" (Huxley) wird auch die Menschen verändern.

Ich leugne nicht, dass unserer pädagogischen und therapeutischen Arbeit Grenzen gesetzt sind. Die technischen Errungenschaften des 20. und angebrochenen 21. Jahrhunderts, die zunehmende Globalisierung sowie die dichten Informationsvernetzungen haben der Menschheit Riesenfortschritte gebracht, aber auch horrible Möglichkeiten eröffnet. Anstelle von verantwortungsbewussten Staatsmännern und -frauen regieren die Finanzmärkte die Welt, statt stabilen Familien als Trägerinnen der Gesellschaft ringen wechselnde Patchwork-Gemeinschaften ums tägliche Funktionieren, statt vorbildlichen Autoritäten unterrichten strapazierte, ausgepowerte Lehrer, statt seelenerquickender Kunst boomt eine oft dekadent wirkende Kultur der Absurditäten, und statt einer vernünftigen Legierung von Forschung und Ethik dominiert das Streben nach Macht, Ruhm und Konkurrenzübertrumpfung. „Missbrauch“ scheint das Kennwort unserer Epoche zu sein: Kinder werden von den „achtbarsten“ Leuten als Lustobjekte missbraucht, Arme und Wirtschaftsflüchtlinge werden als Billigkräfte missbraucht, Hungernde werden von skrupellosen Diktatoren als Kriegswerkzeuge missbraucht, die Reserven der Natur werden weltweit für Plünderungen missbraucht, und selbst die schützende Atmosphäre der Erde kommt nicht ungeschoren davon. *Missbrauch ist das pure Gegenteil von Wertschätzung!* Deswegen ist es – vor allem anderen, das den jungen Generationen in diesen wirren Zeiten auch Not tut –, so unverzichtbar wichtig, dass wieder die Wertschätzung in ihren Herzen einkehrt.

Es wachsen Generationen heran, die sich von früheren Generationen wesentlich unterscheiden werden, und dies nicht nur in ihren Ansichten (das war schon immer so). Nein, die Menschen der Zukunft werden *anders denken und fühlen* als bisher. Es ist nicht bloß so, dass Gehirne Computer erfunden haben. Die Computer verändern auch die Gehirne:

In Anpassung an die modernen Gegebenheiten wird auswendiges Wissen an Bedeutung verlieren und die Handhabung der elektronischen Wissenszulieferer an Bedeutung gewinnen. Die Fähigkeit, blitzschnell auf beliebige Datenmengen zugreifen zu können, wird enorm steigen, aber die Fähigkeit, solche Daten auf ihren Wahrheitsgehalt kritisch zu überprüfen, wird rapide zurückgehen.

Die Fähigkeit, in grenzenlose Fantasiewelten abzutauchen, in denen Recht und Unrecht miteinander verschmelzen, weil „unreal" ja alles erlaubt ist, wird erschreckend zunehmen, aber die Fähigkeit, in die reale Welt zurückzukehren und sich in ihren Ordnungsstrukturen wieder zurechtzufinden, wird dabei abnehmen.

Daher werden die Kids von morgen Höchstprozentsätze an geistiger Orientierung aus gemischtem und teilweise suspektem Fremdmaterial beziehen – und nur wenig aus sich selbst: aus eigenem Wissen, eigenem Gewissen, eigener Anschauung und Verarbeitung der Realität. Der Erziehungsauftrag muss folglich lauten: *Man stärke ihr Selbst!* Freilich nicht die Selbstüberheblichkeit, die Illusion, der Macher von allem zu sein bzw. alles machen zu dürfen, was machbar ist. Nicht das! Doch man stärke das authentische Selbst der Person, die aus transzendenten Quellen in ihrem Innersten heraus ahnt, was verantwortbar ist und was nicht, religiös ausgedrückt: was gottgefällig ist und was nicht. Galt somit früher die Devise: „Wissen ist Macht", und haben engagierte Eltern darauf gedrungen, dass ihre Kinder möglichst viel lernen, so gilt heute die Devise: „Wertschätzung ist Überleben!" Kinder, die mitten im Strudel der Massentrends dank ihres eigenen Gespürs noch Wertvorstellungen auszubilden vermögen und die Festigkeit besitzen, ihnen gemäß zu handeln, werden auch in dem neu aufgeschlagenen Kapitel der Menschheitsgeschichte weder etwas bzw. jemanden missbrauchen noch sich selbst missbrauchen lassen – so unsere Hoffnung.

Einer deutschen Studie aus den 1980er-Jahren zufolge wurden damals drei Hauptproblemfelder ermittelt, die sich um Kinder und Jugendliche rankten, nämlich

1. Kontaktschwierigkeiten und Aggressivität,
2. Schul- und Konzentrationsstörungen,
3. Störungen im Antrieb und Selbstwertgefühl.

Auch wenn die Studie in manchen Aspekten veraltert sein mag, bietet sie doch eine gute Basis, um in Aktualisierung dieser Problemfelder zeitgemäße Erziehungshinweise zu formulieren, die vielleicht mithelfen können, das authentische Selbst der jungen Persönchen in der genannten Weise zu stärken. Doch zuvor noch ein paar allgemeine Worte:

Man sollte Kinder nehmen, wie sie sind. Ob Junge oder Mädchen (was in früheren Zeiten eine größere Rolle gespielt hat als bei uns heute). Ob gesund oder krank. Ob schwierig oder nicht. Eltern sollten keine Wünsche an ihre Kinder herantragen und schon gar nicht ihre eigenen Wünsche in den Kindern verwirklichen wollen. Das bedeutet, so innig das Band zu den Kindern auch sein mag: In gewisser Weise sind sie loszulassen – vom Babyalter an und nicht erst, sobald sie flügge werden. Es mutet paradox an, doch gehört es zur wahren Liebe dazu, dass sie immer bereit ist, das Geliebte herzugeben, wenn es sein muss oder wenn es einen profunden Grund dafür gibt.

Wenn es sein muss: Die Liebe kann das Geliebte sogar sterben sehen, in verständlicher Trauer, aber in der unerschütterlichen Gewissheit, dass der Tod die Beziehung zum Geliebten nicht aufkündigen, nicht auslöschen kann. Dieses Wissen, diese Bereitschaft erst befähigt Eltern, ihre Kinder spielen, herumtollen, Erfahrungen sammeln, Sport treiben, verreisen zu lassen, immer mit einem Körnchen Sorge, ob sie wohl heil wiederkehren werden, und trotzdem ruhigen Blutes. Leben steht „in Gottes Hand“, von Anfang bis Ende. Die Liebe fürchtet sich nicht ...

Wenn es einen profunden Grund dafür gibt: Der natürlichste Grund ist das Erwachsenwerden der Kinder. Dennoch gibt es längst vorher profunde Gründe zur „Hergabe“. Man gibt sie an ihre Freunde her, an ihre Ideen, an ihre selbständige Zukunftsplanung, und in Ausnahmefällen an Krankenhäuser, Pflegeeltern, Großeltern, Heime. Nicht selten haben verzweifelte Mütter, flüchtende Mütter, todgeweihte Mütter ihre Kinder Personen anvertraut, die ihnen geeignet erschienen, ihren Kindern ein warmes Nest zu gewähren. Die Liebe krallt nicht, hält nicht fest, dominiert nicht, will nicht besitzen, will weder mit „Wunderkindern“ glänzen, noch schreibt sie vor, was aus ihren Lieblingen werden soll. Die Liebe mischt sich nicht ein in die Partnerwahl ihrer Kinder oder in deren Lebensstil, aber sie rät und hilft, wenn sie um Rat und Hilfe gefragt wird. Und wenn die Kinder andere Entscheidungen treffen, als es die Eltern gerne hätten? Die Liebe hält still und betet.

Ein wunderschönes literarisches Denkmal hat Bertolt Brecht jener alles freigeben könnenden Liebe in seinem Drama „Der kaukasische Kreidekreis" gesetzt, in dem die Magd Grusche und die Gouverneursfrau um ein- und dasselbe Kind ringen. Der zugezogene Richter sagt zunächst, die „richtige" Mutter werde die Kraft haben, das Kind (aus dem Kreis) an sich zu ziehen. Das Gegenteil ist der Fall. Er muss einsehen, dass die „richtige" Mutter diejenige ist, die das Kind loslassen kann (selbst wenn dadurch die andere Frau gewönne), damit es im Ringkampf nicht zerrissen wird.

Überlegen wir nun auf dem Boden solch „richtiger" Elternliebe, wie den drei oben genannten Problemfeldern im 21. Jahrhundert begegnet werden kann.

Sie meinen es gut mit Ihrem Kind? Ein dickes Lob für Sie! Gut meinen ist sehr viel besser als bös meinen. Nur seien Sie sich bitte Ihrer Meinung nie zu sicher. Denn Gutgemeintes muss nicht automatisch gut ausgehen!

Schach den Konzentrationsstörungen!

Beginnen wir mit dem zweiten Punkt aus der genannten Studie, mit den Schulschwierigkeiten und Konzentrationsstörungen. Ihre Kinder haben keine? Seien Sie froh und lesen Sie, was Sie wissen müssen, damit es so bleibt.

Konzentrationsstörungen haben sowohl bei Kindern als auch bei Erwachsenen in den letzten 40 Jahren epidemieartig zugenommen. Rein organisch bedingte Konzentrationsstörungen sind jedoch in der Minderheit. Sie stehen im Zusammenhang mit Geburtsschäden, Unfällen, Kopferkrankungen oder Alterungsprozessen. Die Majorität der Konzentrationsstörungen fußt in der permanenten Reizüberflutung, der wir – ohne energische Gegenmaßnahmen – zunehmend ausgeliefert sind.

Um zu verstehen, was die Reizüberflutung anrichtet, muss man die Biologiekenntnisse ein wenig auffrischen. Für die Konzentrationsfähigkeit zuständig ist eine Interaktion zwischen der Hirnrinde, dem Kortex, und dem Zwischenhirn, vor allem dessen Hauptmasse, dem Thalamus. Der Thalamus ist das Sammel- und Koordinationszentrum aller einlaufenden (afferenten) Bahnen, die von Sinnesorganen oder aus dem Körperinneren kommen und im Zwischenhirn „umgeschaltet“ werden. An diesen Umschaltstellen, den Synapsen, können Signale aus der Umwelt bzw. aus dem Körperinneren weitergeleitet oder abgefangen werden, je nachdem, welche Bedeutung sie für ein Lebewesen haben, und welche Impulse für die Hirnrinde wichtig sind. Demnach fungiert der Thalamus wie ein *Filter*, der wichtige Informationen zum Kortex durchgehen lässt, weil sie gerade für ein bestimmtes Denkmuster gebraucht werden, und alles andere abfängt, unterdrückt, und teilweise in sogenannter Entlastungsmotorik (über andere Kerne) abfließen lässt. Das ist eine lebensnotwendige Funktion des Zwischenhirns, denn würde der Kortex jederzeit von sämtlichen Umweltreizen „bombardiert“, wäre kein einziger Denkakt möglich.

Es ist bekannt, dass bei einem spannenden Kinofilm oder einem genussvollen Konzert kaum jemand hustet, schnupft, sich räuspert etc. Sind Film oder Musik zu Ende, geht das Husten, Schnäuzen, Räuspern los. Neurologisch heißt das, dass beim Publikum der Thalamus so lange nebensächliche Empfindungen wie Husten-, Niesreiz etc. unterdrückt hatte, bis die angespannte Konzentration des Kortex beendet war. Erst dann wurden die untergeordneten Reize weitergeleitet und damit bewusst. Ein anderes Beispiel: Jemand möchte sich einen hübschen Wintermantel kaufen. Er wandert suchend durch eine Geschäftsstraße. Unter diesen Umständen wird jede Auslage, die Kleidungsstücke und insbesondere Mäntel enthält, seine Aufmerksamkeit auf sich ziehen. Es kann jedoch sein, dass er dabei an Uhrengeschäften oder am Zeitungskiosk achtlos vorübergeht, und wenn er sehr in seine Mantelsuche vertieft ist, kann es sogar passieren, dass er an seiner Nachbarin vorbeiläuft, ohne sie zu erkennen. Neurologisch heißt das, dass sein Zwischenhirn vom Kortex den Auftrag erhalten hat, Informationen zum Thema Bekleidung, und speziell Wintermäntel, sofort weiterzuleiten, wohingegen nicht dazu passende Informationen zurückzustellen sind. Würde man den Betreffenden nach seinem Einkaufsbummel fragen, ob in diesem Winter Pelzkrägen auf Mänteln modern sind, könnte er garantiert Auskunft geben. Würde man ihn fragen, ob die Armbanduhren zurzeit eher Leder- oder Metallbänder haben, wüsste er wahrscheinlich keine Antwort. Man sieht: Die Voraussetzung für konzentriertes Denken ist die Abschirmung kortikaler Zentren vor Störeinflüssen. Konzentration ist im medizinischen Sinne nichts anderes als eine *gezielte Selektion wichtiger und eine Ausfilterung unwichtiger Informationen.*

Neben dem Kriterium der Wichtigkeit (1) gibt es noch zwei weitere Kriterien für die unverzügliche

Weiterleitung von Signalen: Weitergeleitet werden auch Signale starker Intensität (2) sowie Not- und Warnsignale (3).

Zu 2.: Mit steigender Reizstärke sinkt die Möglichkeit der Reizabschirmung, was jeder weiß, dessen Fenster auf eine laute Verkehrsstraße hinausschauen. Würde der Mantelsuchende aus unserem vorigen Beispiel eine Geschäftsstraße durchqueren, in der aus einem Lautsprecherwagen laute Werbesprüche dröhnen, käme er nicht umhin, diese mit anzuhören.

Zu 3.: Ferner besteht eine existenziell weise „Hirnprogrammierung“ für die Weiterleitung aller Reize, die Gefahr in irgendeiner Form signalisieren. Würden hinter dem Mantelsuchenden plötzlich Autoreifen schleudernd quietschen, würde er dessen gewahr werden, selbst wenn er sich gedanklich soeben der Farbwahl seines künftigen Mantels widmet. Ein schönes Beispiel dafür ist die Erfahrung, dass eine Mutter im Schlaf das leiseste Wimmern ihres Babys hört, aber mitunter ruhig weiterschläft, wenn ein nächtlicher Gewittersturm tobt. Der winzigste Notruf des Babys wird bis in ihren Kortex geleitet, obwohl im Schlaf das gesamte Aktivierungsniveau des Kortex bis unter die Bewusstseinsgrenze reduziert ist.

Die Konzentrationsfähigkeit eines Menschen ist also abhängig vom intakten Informationsfiltersystem im Zwischenhirn, obwohl dies nicht die alleinige Bedingung ist. Die hormonelle Funktionalität, kontrolliert durch die Hypophyse, spielt eine zusätzliche Rolle, indem sie die Geschwindigkeit der Energieverarbeitung im Kortex beeinflusst. Und auch die *formatio reticularis*, das Zentrum, welches den Wachheitsgrad des Kortex reguliert, beeinflusst die Konzentrationsfähigkeit, die sich, wie jeder weiß, mit zunehmender „Müdigkeit" - Herabsetzung des Aktivationsniveaus - verschlechtert.

Nach diesem Kurzausflug in die Biologie zeichnet sich einleuchtend ab, was vorbeugend gegen Konzentrationsstörungen getan werden kann. *Man überlaste den Zwischenhirnfilter nicht!* Und was schont ihn? 1. Wenn nicht zu viele (scheinbar gleich wichtige) Eindrücke auf ihn einstürmen. 2. Wenn nicht zu grelle und starke Reize auf ihn einprasseln. 3. Wenn nicht dauernd Notrufe und Angstsignale bei ihm eintreffen. Wird der Filter nämlich überlastet, sind die Folgen ernst. Ein Impulswirrwarr gelangt in den Kortex, und der Mensch „flippt aus". Er kann nicht mehr vernünftig denken, er verliert in Ansätzen die Kontrolle über sich, er bringt keine Leistung mehr zustande, er handelt irrational, er mixt Wichtiges und Unwichtiges durcheinander, er attackiert sich oder seine Mitmenschen wegen Kleinigkeiten, er gerät in Ausnahmezustände, und um all diesem Horror zu entfliehen, taucht er ab. Wohin? In Krankheit. In Spielsucht. In Sexexzesse. In Komatrinken. In irgendeine verrückte Variante des

Vergessens ... Ins brutale Loswerden der ungefilterten Reize, die ihn umschwirren …

Bevor wir pädagogische Konsequenzen daraus ziehen, möchte ich noch einmal unser Urthema „Wertschätzung" einblenden. Gibt es eine Verbindung zwischen wertschätzenden Einstellungen einer Person und der Schonung ihres Zwischenhirnfilters? Eine mehrfache und sehr enge sogar! Wiederholen wir die Elemente, die den Filter schonen:

1. Wenn nicht zu viele (scheinbar gleich wichtige) Eindrücke auf ihn einstürmen.

Nur die wertschätzende Hingabe an *eine* Sache verhindert, dass man sich oberflächlich mit mehreren Sachen gleichzeitig befasst. Der Konzertbesucher, der die Musik wertschätzt, vergisst den Hustenreiz. Ein Konzertbesucher, den die Musik nicht interessiert, würde seine Gedanken schweifen lassen, gähnen, sich langweilen, seine steifen Beine spüren, hüsteln, die Frisuren der Leute studieren und so fort. Und das wäre noch das geringste Übel. Bei einem Arzt, der ohne Wertschätzung für seine Patienten operiert, also an das zu erwartende Honorar und sonstige Privatangelegenheiten denkt, oder bei einem Bauarbeiter, der seine Arbeit nicht wertschätzend verrichtet und seine Aufmerksamkeit daher von den schweren Baumaschinen abgleiten lässt, könnte dies fataler ausgehen.

2. Wenn nicht zu grelle und starke Reize auf ihn einprasseln.

Wertschätzung hat mit Andacht zu tun. Mit Ehrfurcht. Mit Innerlichkeit. Sie hat etwas Meditatives an sich. Deswegen ist Wertschätzung unvereinbar mit visuellem oder akustischem „Geprassel" und „Geschrei". Die zarten Regungen, die sich geistigen Fühlern gleich Menschen, Tieren, Blumen, Landschaften, Kunstwerken, Himmel und Erde entgegenstrecken, vertragen keine rüden Gewalten. So, wie alle Völker von jeher für ihre besinnlichen Momente „Orte der Stille", Tempel und Kirchen errichtet haben, weil sich derlei Momente im Straßengewühl nicht einfangen lassen, so braucht jeder Akt von Wertschätzung ein Schutzdach der Ruhe über sich. Wertschätzende Menschen weichen daher grellen und starken Reizen instinktiv aus.

3. Wenn nicht dauernd Notrufe und Angstsignale bei ihm eintreffen.

Geringe Wertschätzung mündet in Egozentrik. Wer kein Gegenüber schätzt, ist auf sich selbst zurückgeworfen und kümmert sich bald auch nur noch um sich selbst. Angesichts des verblassenden Dus bläht sich das Ich auf.

Doch damit schleicht sich klammheimlich die Angst ein:

Das Ich will um jeden Preis gesund bleiben? – Jetzt muss es zittern vor Krankheiten.

Das Ich will überall anerkannt sein? – Jetzt muss es zittern vor Blamagen.

Das Ich will unbedingt Erfolg haben? – Jetzt muss es zittern vor Misserfolg.

Die „Zitterliste" setzt sich fort und fort, die neurotische Verkrampfung zieht ihre Schnüre enger und enger. Das Ich will sich möglichst alle Unannehmlichkeiten des Lebens ersparen und dreht sich wie eine Schraube immer tiefer in ein rundum unangenehmes Leben hinein. Pausenlose Angst- und Warnrufe aus der Psyche und der mitvibrierenden Physis überschwemmen das Zwischenhirn …

Ruhe und Stille sind Heilskonfigurationen. Gehen Sie täglich mindestens acht Minuten in die Stille. Schließen Sie die Augen und die Ohren und seien Sie ganz ruhig. Halten Sie das aus? Wenn ja, gratuliere ich Ihnen!

Sich einer Sache ganz widmen

Menschen sind Wesen in leiblich-seelisch-geistiger Personalunion. Wie das Licht im Zimmer den intakten Stromkreis braucht, so braucht Seelisch-Geistiges einen möglichst ungestörten, intakten äußeren Rahmen, um „aufleuchten" zu können.

Aus dem Gesagten ergeben sich erhebliche pädagogische Konsequenzen. An jedem Arbeitsplatz soll Ruhe herrschen, auch am Arbeitsplatz des Kindes. Ich würde mich scheuen, eine solche Selbstverständlichkeit niederzuschreiben, wenn ich nicht aus entsprechenden Untersuchungen wüsste, dass zwei Drittel aller Kinder ihre Schulaufgaben bei Popmusik machen (im Zeitalter des Missbrauchs wird die Musik häufig als „Berieselung" missbraucht). Denkprozesse werden durch diesen Einfluss empfindlich gestört. Es ist nicht möglich, dass einströmende Signale wie laute Musik, Straßenlärm, Gekreische von Geschwistern, zuschlagende Türen, Geschimpfe von Eltern u. a. im Zwischenhirn genügend ausgefiltert werden können, auf dass der Kortex für die

Konzentration auf Englischvokabeln freigehalten wird. Eine permanente Reizüberflutung ist eine Überbeanspruchung des Aufmerksamkeitsfilters im Thalamus, dringt ein zum Kortex, behindert dort die Einprägung von Lernstoff, irritiert das Kind insgesamt und fließt zum Teil über zusätzliche Motorik ab, was zu Nervosität, Zappeln und sprunghaften Verhaltensweisen führt. Diese Unruhebewegungen senden neuerliche Störreize zum Gehirn; das Aufmerksamkeitsdefizithyperaktivitätssyndrom winkt von fern.

Aber es geht nicht nur um die kurze Spanne Zeit der Aufgabenerledigung. Familien sitzen abends beim Essen, der Fernseher läuft und man redet miteinander. Das sind drei verschiedene Funktionen, die vom Gehirn koordiniert werden sollen, was nur auf Kosten der Hingabe und der Konzentration geht. Die Familienmitglieder werden weder ihr Essen besonders genießen noch vom laufenden Fernsehfilm allzu viel mitbekommen, noch kreativ oder informativ miteinander plaudern. Alles plätschert oberflächlich dahin, und die Kinder gewöhnen sich daran. Man könnte fragen: Ist es denn wichtig, das Essen zu genießen, den Film zu verstehen, das Gespräch aufmerksam zu verfolgen? Oft wollen die erschöpften Eltern sowieso nichts anderes als sich entspannen und „abschalten", was im Klartext heißt, das Ringsherum bloß „dösend" wahrnehmen. Aber das ist eben das Problem! Wirklich entspannen würden sie sich, wenn sie sich vor dem Essen acht Minuten hinlegen würden, um in der Stille zu sich zu kommen. Gestärkt würden sie sich dann an den Tisch setzen und wertschätzend ihr Mahl zu sich nehmen (ist es nicht herrlich, nicht hungern zu müssen?). Liebevoll könnten sie dann nach dem Abräumen des Tisches miteinander die Tagesereignisse besprechen. Und ist das Geschirr gespült, wäre vielleicht noch ein spannender Fernsehabend „drin", falls das Programm danach ist (und wenn nicht, würde ein Fernsehverzicht auch nicht schaden).

Es sollte den Kindern zur Gewohnheit werden, sich *einer* Sache ganz zu widmen und Gleichzeitigkeit im Nacheinander aufzulösen. Die jeweils *eine* Sache, der man sich widmet, verlangt meistens sowieso schon eine gute Portion Simultankapazität. Beim Kochen zum Beispiel muss man die Suppe im Auge behalten, damit sie nicht überkocht, während man die Kartoffeln schneidet und vielleicht noch gelegentlich einen Blick in den Backofen wirft, wo ein Braten brutzelt. Und doch tut man nichts als kochen. Auch einfache Tätigkeiten brauchen mehrfache Wachsamkeiten; so muss man etwa beim Sprechen jeweils sofort entscheiden, was man sagt, wie man es sagt und wem man es sagt. Analoges gilt fürs Autofahren und für praktisch alle komplizierten Arbeiten, die Mehrfachaufmerksamkeiten erfordern. Umso größere Bedeutung kommt der Abschirmung vor zusätzlicher Ablenkung zu. (Das ist der Grund, warum Autofahrer vor dem Telefonieren mit Handys, Trinken aus Dosen, Wechseln von CDs etc. stets gewarnt werden.) Dazu gesellt sich eine weitere biologische Eigenart: Wir merken es kaum, wenn unsere kortikale Leistung nachlässt. Es gibt Testversuche mit Piloten, die in große Höhen mit sehr dünner Luft geschickt wurden. Per Funk befragt, wie sie sich fühlten, antworteten sie, sie seien völlig okay. Befragt, wie viel 2 x 4 sei, begannen sie herumzustottern. Sie konnten sich fast nicht mehr darauf besinnen. Die Hirnrinde meldet uns ziemlich verlässlich, wenn etwas im Körper nicht in Ordnung ist, aber ihr eigenes Schwächeln meldet sie nicht (was leider bei manchen Krankheitsbildern ein großes Problem ist). Das heißt: Von der Unkonzentriertheit fallen wir ohne Alarmglocken direkt ins „Loch".

Als Fazit kann man Eltern nur raten, *von allem Anfang an dafür zu sorgen, dass ihre Kinder hingebungsvoll und selbstvergessen zu Ende tun können, was sie gerade tun.*

Sollten Eltern beobachten, dass ihr Kind ein Spiel beginnt, zur Seite wirft, das nächste aufgreift etc., wäre ihr Einschreiten hilfreich; am besten, indem sie sich in das begonnene Spiel mit einschalten und es zu einem befriedigenden Ende führen.

Aber am hilfreichsten ist – wie bereits bekannt – ihr eigenes Vorbild, und diesbezüglich habe ich unzählig viele Einwände in meiner Elternarbeit gehört. Mütter jammerten bei mir pausenlos, dass sie andauernd gezwungen seien, sich um vieles gleichzeitig zu kümmern. Wenn sie abgehetzt abends nach Hause kämen, müssten sie eingekaufte Waren verstauen, Essen vorbereiten, die Schulhefte der Kinder nachprüfen, die Wäsche aus der Waschmaschine aufhängen, aktuelle Anliegen der Kinder anhören, über das Chaos im Kinderzimmer meutern, und dies alles in Hast und Eile. Väter berichteten mir ähnliche Szenarien von ihren Arbeitsplätzen, an denen sie in ihren Tätigkeiten durch ständig neue Aufträge, Anfragen, Beschwerden, Einschübe unterbrochen würden, angetrieben von ehrgeizigen Vorgesetzten oder bespöttelt von missgünstigen Kollegen.

Die Mehrheit der Eltern, die eine Erziehungsberatungsstelle aufsuchen, klagen darüber, selbst erholungsbedürftig, unglücklich, übernervös und am Ende ihrer Kräfte zu sein. Sie hätten allerdings gerne ausgeglichene Kinder, die sich gut konzentrieren können …

Nun ja, da hilft nur, das eigene Leben umzukrempeln. Ein kluges Sprichwort lautet:

„Wir müssen doppelt dankbar sein:
für das, was wir haben,
und für das, was wir nicht brauchen."

Hunderte Male habe ich Eltern vorgeschlagen, alles aus ihrem Lebensraum auszusortieren, was sie „nicht brauchen". Jeder Luxus, der auf Kosten der Gesundheit geht, ist zu hoch bezahlt. Die falsche Geschenkkultur, im Zuge derer mehrmals im Jahr unnötiges teures Zeug herbeigeschleppt wird, möge aufhören. *Zeit* ist das kostbarste Geschenk überhaupt; Zeit für die Kinder, Zeit für einander, Zeit für „dich" und „mich".

Personen, für die man sich Zeit nimmt,
erleben dies als Wertschätzung.

Personen, die noch dazu wählen dürfen, womit die ihnen geschenkte Zeit ausgefüllt wird, sind selig. Wer die alte Tante besucht und ihr einen Nachmittag Zeit schenkt, in der sie wieder und wieder in ihrer Vergangenheit schwelgen darf, wenn sie just dies möchte, macht ihr ein mit keinem Geldbetrag aufwiegbares Geschenk. Wer mit seinem kleinen Sohn zum Bach hinaus radelt, eine Stunde lang mit ihm im Gewässer herumplanscht und, wenn der Junge Lust dazu hat, Kieselsteine sammelt, die später bemalt werden können, bereitet ihm ein Erlebnis, an das er sich noch als alter Mann erinnern wird. Was sind dagegen eine Halskette für die Tante oder ein Weltraumfahrzeug für den Jungen, im Stress erwirtschaftet, flüchtig überreicht und in Einsamkeit überlassen?

Zeit ist sogar dann noch ein Geschenk, wenn sie nach elterlichen Vorschlägen ausgefüllt wird, allerdings muss die Wertschätzung in diesem Fall deutlich spürbar sein. Zum Beispiel sollte man Kinder schon früh zur Mithilfe im Haushalt heranziehen, damit sie das Management eines reibungslosen Haushalts zu würdigen wissen und nicht etwa als geringfügig einstufen. Wenn sie dabei die Mutter (oder den Vater) entlasten, ist das ein allseits bekömmlicher Akt kindlicher Dankbarkeit. Oder man kann gemeinsame Übungen (im Turnen, Musizieren, Rechnen, Puzzeln …) mit den Kindern anregen und dabei den Akzent auf ein wertschätzendes Teamwork bzw. auf gemeinsame Kompetenzfortschritte legen. Wo immer es gelingt, die enorme Reizüberflutung unserer Tage wenigstens aus dem Familienleben zu verbannen und stattdessen eine Insel der Ruhe und Zusammengehörigkeit aus dem Zuhause zu machen, haben die heranwachsenden Kinder eine grandiose Basis, um ihrerseits eine geistig-seelische Stabilität zu entwickeln, mit der sie den bedenklichen Strömungen ihrer zukünftigen Gegenwart werden Paroli bieten können.

Sie haben keine Dienstboten, keine Unterstützung, keine Freizeit? Sie irren sich. Technische Geräte sind Ihre Dienstboten. Gelassenheit ist Ihre Unterstützung. Alles, was Sie n i c h t brauchen, ist Ihre Freizeit.

Wie kommen Leistungen zustande?

Geht Ihr Kind gerne zur Schule? Dann ist es ein Glückskind! Geht es ungern zur Schule? Vielleicht können Sie ihm helfen, sein Negativurteil über die Schule zu revidieren. Die Schulzeit gräbt sich nämlich tief ins Gemüt ein.

Außer der Reizüberflutung gibt es noch andere ungünstige Umstände, die die Leistungsfähigkeit von Kindern hemmen, wie kaputte Ehen, massiver Druck seitens der Eltern, falsche Schuleinschreibung, fehlendes Lernmaterial, unzureichender Schlaf, schlechte Ernährung usw., womit wir zum leidigen Thema „Schulschwierigkeiten" überwechseln. Warum ist für manche Schüler die Schule eine „Plage"?

Es ist unendlich schade, wenn sie das ist. Denn eine Schule besuchen zu dürfen, ist in Wirklichkeit eine Auszeichnung sondergleichen. Immer noch bevölkern ein paar Millionen Kinder unseren Planeten, ohne diese Auszeichnung zu erhalten, Kinder, die an dieser Misere unschuldig sind. Kinder, die keinen Zugang zu Bildung und Ausbildung haben, die streunen oder zu Schwerstarbeit gezwungen werden, unterernährt und in Armut. Wie könnten sie doch ihren Horizont erweitern in einer Schule, die ihnen einen Überblick vermitteln würde über die jahrtausendealten Errungenschaften der Wissenschaften und Künste; die ihnen Schlüssel in die Hände drücken würde, die Pforten zu einer humanen Entwicklung ihrer Heimat zu öffnen! Freilich nützt es wenig, unseren hiesigen Schulmuffeln dergleichen vor Augen zu halten. Ihre Vorstellungskraft reicht dafür nicht aus (und die der Erwachsenen oft auch nicht)! Aber zumindest mögen sie es gelegentlich gesagt bekommen, damit sie dieses Stück Wirklichkeit in einem entlegenen Zipfel ihrer Seele speichern, bis sie an Reife und Einsicht gewonnen haben.

Wie nun wird Schule zur „Plage“? In erster Linie, wenn sie ein Kind intellektuell überfordert. Das kommt vor, wenn Eltern sich aus Prestigegründen weigern, ihr Kind in eine „niedrigere“ Schule (Sonderschule, Regelschule) zu geben. Sie tun ihrem Kinde keinen Gefallen: Nicht nur, dass sich das Kind mit dem Unterrichtsstoff herumplagt, es wird auch – umgeben von Besserkönnern – mehr und mehr von Minderwertigkeitsgefühlen geplagt. Im Zweifelsfall ist es deshalb klug, das Kind testen zu lassen. Erlauben wir uns einen kleinen Ausflug in die Lernpsychologie. Man kann den Intelligenzquotienten (IQ) eines Kindes feststellen lassen. Der ist allerdings nur ein Durchschnittsmaß und informiert lediglich über die Obergrenze der intellektuellen Kapazität einer Person zu einem gewissen Zeitpunkt. Hat zum Beispiel ein Kind einen Intelligenzquotienten von 70, wird es aller Voraussicht nach den normalen Schulweg nicht durchlaufen können. Hat es einen Intelligenzquotienten von 130, sagt dies hingegen nichts über seinen zu erwartenden Schulerfolg aus. Vielleicht versagt es trotzdem in der Schule. Wieso das?

Für das Zustandekommen kognitiver (und auch physischer) Leistungen bedarf es dreier Bedingungen:

1. entsprechender Fähigkeiten,
2. günstiger Umstände,
3. eines festen Willens.

Angenommen, die gewünschte Leistung sei, dass jemand einen hohen Berg besteige und den Gipfel erreiche. Dazu braucht er gute körperliche Fähigkeiten (1). Er muss kräftige Muskeln und einen gesunden Kreislauf haben, damit er nicht auf halber Strecke stehen bleibt. Würde man nun die sportliche Kondition einer großen Anzahl von Personen überprüfen, bekäme man einen gewissen Prozentsatz davon, wer tauglich wäre, den Berg zu erstürmen. Zusätzlich könnte man noch seelische Qualitäten wie Ausdauer und Durchhaltevermögen in die Eignungsprüfung einbeziehen. Aber nicht alle Personen, die zu dem ermittelten Prozentsatz gehörten, würden tatsächlich auf einen Berg steigen. Wer weiß denn, ob sie überhaupt wollten (3)? Wer nicht auf den Berg klettern *will*, wird das nicht tun, auch wenn er es *könnte*. Es wird folglich weder derjenige zum Gipfel gelangen, der gerne möchte, dessen Beine aber zu schwach sind, noch wird derjenige zum Gipfel gelangen, der kräftige Beine hat, aber nicht den geringsten Wunsch zum Bergklettern verspürt. Und selbst jemand mit starken Beinen plus Gipfelsehnsucht erreicht sein Ziel nicht, wenn er zu mittellos ist, um sich Bergschuhe und Anorak zu kaufen oder wenn ein eisiger Orkan mit Lawinenabgängen die Bergbesteigung verhindert (2).

Auf die Schulsituation übertragen, bedarf es ebenfalls der drei genannten Bedingungen, damit kleine und große „Lerngipfel" erreicht werden. Es bedarf eines Mindest-IQs (1), reizarmer, ungestörter Lernzeiten (2), wovon bereits die Rede war, und einer hinreichenden Motivation beim Kind (3), wovon noch zu reden sein wird. Doch klar ist: Ein Intelligenzquotient von 130 erzählt rein gar nichts darüber, ob ein Kind Lust und Freude an der Schule bzw. am Lernerwerb hat.

Man soll den Willen eines Menschen, auch eines jungen Menschen nicht unterschätzen. Der Wille ist eine unglaublich starke Kraft. So stark, dass er die Grenzziehungen der beiden anderen Bedingungen jeweils eine Spur hinauszuschieben vermag. Wer sich in den Kopf gesetzt hat, einen Berg zu erklimmen, schafft dies unter enormer Anstrengung sogar mit mittelmäßiger Kondition oder bei schlechter Witterung. (Was ich wegen des damit verbundenen Risikos nicht empfehlen möchte, sondern nur als Beispiel für die Dominanz der Willenskraft aufzeige.) Sowohl in der Schule als auch im Arbeitsfeld setzt Motivation Fleiß frei, und Fleiß korreliert hoch mit Erfolg, was Intelligenz nicht tut.

Ich erwähnte, dass der IQ nur ein Durchschnittsmaß ist. Wesentlich differenzierter und informativer ist das *Begabungsprofil* einer Person. Es spiegelt ihre Einzigartigkeit wider. Wobei das Wort „Begabung" in diesem Kontext nicht ganz richtig verwendet wird, weil sich zu jeder (angeborenen) Begabung die bisherige (erlernte) Trainingsmenge dazumischt, was testpsychologisch nicht auseinanderzudividieren ist. Untersucht man zum Beispiel einen 16-jährigen Knaben auf seine sprachlichen Fähigkeiten, wird seine anlagemäßige Sprachbegabung mitsamt der sprachlichen Förderung oder Nichtförderung, die er in seinem 16-jährigen Leben erfahren hat, gemessen. Beides „fusioniert" zu seinem gegenwärtigen Sprachstand und Sprachschatz.

Begabungsprofile ergeben gezackte Wellenlinien, die über und unter dem Durchschnitts-IQ hin und her schwingen. Die Linien verknüpfen die jeweils gemessenen Faktoren miteinander. Solche Faktoren sind: Logisches Denken, Zahlenbegriff, Raumvorstellung, Gedächtnis, Sprachgewandtheit/Ausdruck, Auffassungsgeschwindigkeit, praktisches Denken, Geschicklichkeit/Visumotorik, Körperbeherrschung, Wahrnehmungsschärfe, musisch-schöpferische Begabung, Kombinationsgabe, mechanisch-technisches Verständnis, Sozialverhalten u. a. Die Anzahl der Faktoren kann variieren, da jeder Faktor erneut unterteilbar ist, z. B. Gedächtnis in verbales Gedächtnis, Bildgedächtnis, Ereignisgedächtnis ... Ein diesbezügliches Extrem stellte das Guilfordsche Begabungsmodell mit seinen 120 Faktoren dar, das übergenau war, sich aber als völlig unhandlich erwiesen hat und heute ausrangiert ist.

Durchschnittliches Begabungsprofil

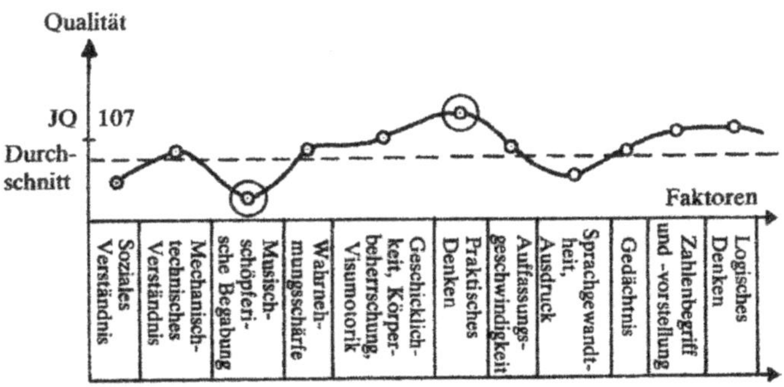

Grundsätzlich ist eines zu bedenken: Nicht alle Begabungsfaktoren sind schulrelevant. Numerische, verbale und Gedächtnisfähigkeiten sind für die Schulnoten wichtiger als soziale, musische und praktische

Fertigkeiten. Ich habe einmal ein Mädchen getestet, und während ich die Testbögen auswertete, brach mir ständig mein Bleistift ab. Da kramte die Kleine einen eigenen Bleistift aus ihrer Tasche und überreichte ihn mir mit den Worten: „Der schreibt gut!" Das war eine erstaunliche Beobachtungsgabe und akute Hilfsbereitschaft für ihr Alter, die ihr vermutlich in der Schule nicht allzu viel nützen wird, dafür aber umso mehr im späteren Leben.

Wie jeder Mensch sein individuelles Gesicht und seinen individuellen Körperbau hat, so hat auch jeder sein individuelles Begabungsprofil, welches genauso Wachstum und Veränderungen offensteht wie Körper, Psyche und Geist überhaupt. Die Rindenfelder des Kortex weisen von Mensch zu Mensch unterschiedliche Entwicklungen auf, worin sich organische Substrate der unterschiedlichen Begabungsprofile erkennen lassen. Wie manch einer längere Zeit tauchen kann, weil er ein großes Lungenvolumen besitzt, und ein anderer auf weite Entfernung noch gut lesen kann, weil er scharfe Augen hat, und wie Brustdehnung und Augenschärfe (nur) bis zu einem gewissen Grad trainierbar sind, so verhält es sich auch mit den Rindenfeldern des Kortex, von dessen unterschiedlicher Struktur und Zuständigkeit man inzwischen vieles entdeckt hat.

Im Begabungsprofil einer Person finden sich fast immer einige Begabungsschwächen und einige Begabungsschwerpunkte. Es gibt kaum jemanden, der nicht wenigstens auf einem Gebiet befähigt wäre, es sei denn, das gesamte Gehirn ist in Mitleidenschaft gezogen. Umgekehrt gibt es niemanden, der keine Begabungsmängel aufzuweisen hätte. Die meisten unserer Kompetenzen liegen im altersmäßigen Durchschnittsbereich knapp über oder unter unserem IQ, aber ein paar größere Zacken charakterisieren die Wellenlinie unseres persönlichen Begabungsprofils doch. Es sind die außergewöhnlichen Talente, die uns in die Wiege gelegt worden sind, und es sind die „Durchhänger", die uns zu schaffen machen. Wohl dem Menschenkind, das mit seinen Talenten zu „wuchern" und seine Durchhänger zu verstecken weiß! Zu dieser Kunst ist jedes Kind anzuregen!

Als Mutter oder Vater werden Sie den Werdegang Ihres Kindes interessiert verfolgen. Sie werden daher auch ohne psychologische Testung alsbald feinsinnig herausfinden, welche Stärken und Schwächen es hat.

Was es mit den Begabungen auf sich hat

Sollen Sie nun den Stärken Ihres Kindes applaudieren? Bei seinen Schwächen die Nase rümpfen? Mitnichten! Leistung ist unter dem Aspekt der Wertschätzung etwas ganz anderes als nach den Kriterien der Leistungsgesellschaft!

Leistung, die unsere Wertschätzung verdient, steht immer in Relation zu den Bedingungen, unter denen sie erbracht wird. Schwimmt ein Beinamputierter 800 m weit, dann ist das eine größere Leistung, als wenn ein muskulöser Sportler 8000 m weit schwimmt. Wahre menschliche Leistung ist immer ein beachtliches Lebenszeichen, das ein Mensch sich selbst abringt. Bleibt ein Alkoholiker ein halbes Jahr trocken, ist das eine veritable Leistung. Bleibt ein Exhäftling ein Jahr lang ehrlich, ist das eine Superleistung. Bleibt ein Casanova seiner Frau treu, ist das eine herausragende Leistung. Vor solchen Menschen darf man sich zutiefst verneigen. Es ist vielleicht keine „Leistung an sich", ohne Trunkenheit, Diebstähle oder sexuelle Prahlereien durchs Leben zu marschieren, weil es eine Selbstverständlichkeit sein sollte, aber für manche Personengruppen ist es eben großartig, weil sie diese scheinbare Selbstverständlichkeit schwer erkämpfen müssen. Man kann ihre „Mühsal" nicht genug wertschätzen.

Zurück zu den Begabungsprofilen der Kinder. Angenommen, die sprachliche Begabung eines Kindes ist gering. Bringt das Kind im Fach Englisch die Note 4 nach Hause, bedeutet dies, dass es viel geübt und gelernt hat, um seine Schwäche auszugleichen. Es verdient Anerkennung. Angenommen, dasselbe Kind hat einen außerordentlich guten Zugang zu Zahlen. Bringt es im Fach Mathematik die Note 2 nach Hause, bedeutet dies, dass es ein bisschen faul war, denn die Note 1 hätte ihm geradezu in den Schoß fallen können. Irrtümlicherweise kann es aber passieren, dass seine Eltern über die Note 4 in Englisch schimpfen und sich mit der Note 2 in Mathematik zufrieden zeigen.

Eine andere Irrtumsvariante ist die folgende:

Fritz ist technisch hochbegabt. Hans ist technisch unbegabt. Fritz steht in Physik auf Note 1. Hans erhält in Physik die Note 3. Die Eltern werfen Hans vor, dass er in Physik nicht genauso wie Fritz die Note 1 heimbringt. Dabei ist es für Fritz ein Leichtes, mechanische Zusammenhänge zu durchschauen, wohingegen es für Hans schwer ist, auch nur Grundbegriffe der Physik nachzuvollziehen. Was in der Prüfung für Fritz ein „Kinderspiel“ war, war für Hans nahezu ein „vollbrachtes Wunder“.

Überlegen wir, was Kinder bei solchen elterlichen Irrtümern lernen. In Bezug auf die Fächer ihrer Begabungen lernen sie, dass sich Anstrengung nicht lohnt, weil sie halbwegs erfreuliche Beurteilungen sowieso erlangen. In Bezug auf die Fächer ihrer Unterbegabungen lernen sie, dass sich Anstrengung nicht lohnt, weil sie unerfreulichen Beurteilungen sowieso nicht entrinnen. Wollen wir, dass sie derlei Auffassungen hegen? Sicher nicht! Die Kinder *sollen* sich anstrengen, nämlich auf konstruktive Weise; sie sollen in ihren Begabungen schwelgen und wegen ihrer Unterbegabungen nicht resignieren. Also lautet die Devise: Kinder in ihren Stärken fördern und fordern, Kinder in ihren Schwächen stützen und kleinste Minileistungen feiern!

Natürlich können die Lehrer bei ihren Bewertungen die Begabungsprofile ihrer Schützlinge nicht berücksichtigen; sie müssen an alle Schüler den gleichen Maßstab anlegen. Eine Note 1 im Zeugnis besagt dann nur, dass ein Schüler ein Stoffgebiet beherrscht – ob ihm dies auf Grund einer Hochbegabung „zugeflogen“ ist oder ob dies mittels schweißtreibendem Fleiß erworben worden ist (was die größere menschliche Leistung wäre), fällt dabei nicht ins Gewicht. Und noch etwas kann die Schule nicht: Sie kann den Kindern hinsichtlich der Extreme ihrer Begabungen nicht helfen. Weder ist sie in der Lage, bei markanten Schwächen Unterrichtsinhalte ständig zu wiederholen, noch kann sie auf markante Stärken eingehen (was soll ein einfacher Musiklehrer mit einem kleinen Mozart in der Klasse anfangen?). Der Lehrplan der Schule wird somit den mehr oder weniger durchschnittlichen Fähigkeiten derjenigen Kinder gerecht, die in den jeweils gegebenen Schultyp hineinpassen.

Was die Schule nicht zu bieten vermag, fällt in den Verantwortungsradius der Eltern. Diese sollten nicht die Schulnoten, sondern die Entwicklungspotenziale ihrer Kinder ernst nehmen. Und sie sollen niemals sich selbst mit anderen Eltern oder ihre Kinder mit anderen Kindern vergleichen, auch nicht mit Geschwistern und nicht einmal mit eineiigen Zwillingsgeschwistern, denn – jede Person ist einzigartig und einmalig in der gesamten Schöpfungsgeschichte!

Bezüglich der Unterbegabungen:

Jeder Mensch hat seine Begabungsschwächen. Es gibt zwar „Allroundkünstler“, die vielerlei fertigbringen, dennoch könnte man praktisch jeden von uns auf einen Platz im Leben stellen, auf dem er versagt. Nur meiden die Erwachsenen tunlichst die Gelegenheiten, die ihnen solche Versagenserlebnisse bescheren. Eine junge Hausfrau, die beim Kochen ungeschickt ist, wird keine Partys veranstalten, bei denen sie zahlreiche Gäste bewirten muss. Ein Mann mit „zwei linken Händen“ wird sich nicht damit belasten, die Wohnungseinrichtung selbst zu schreinern. Das Schulkind aber kann sich seine Schulfächer (von Schulspezialisierungen abgesehen) kaum aussuchen. Es muss sich da und dort der Konkurrenz begabterer Kameraden stellen und den Tadel des Lehrers aushalten. Vorausgesetzt, dass es nicht in der falschen Schule ist (d. h. insgesamt überfordert ist), wird das nur in wenigen Fächern der Fall sein, trotzdem nagt das Manko an seiner Psyche. Hier sind professionelle Nachhilfe bzw. geeignete Übungsprogramme durchaus sinnvoll, wie man aus der Legasthenikertherapie weiß. Am günstigsten sind kurze, zwanglose Einheiten, über die Woche verstreut, die den Charakter von Hilfsangeboten haben. Eltern, die sich mit ihrem Kind freuen, wenn es diese Angebote annimmt, vermitteln die Botschaft: „Sei getrost, man muss nicht alles können. Was unbedingt notwendig ist, das schafft man schon, und es ist keine Schande, sich dabei helfen zu lassen!“

Bezüglich der Hochbegabungen:

Jeder Mensch hat seine Talente und Stärken und ist eingeladen, sie zum eigenen und fremden Wohle zu nutzen. Als „Dank“ gewähren sie ihm ein gesundes Selbstbewusstsein, Lebensmut, Erfolgserlebnisse und persönliche Erfüllung. Was man gut kann, macht man gerne. So kommt es, dass Menschen, die auf den richtigen Platz gestellt sind, sich mit Schwung und Elan für die ihnen zugeteilte Aufgabe einsetzen und in ihrer Produktivität kaum Einschränkungen kennen. Wird jemand bereits als Kind just auf dem Gebiet gefördert, das seinen Talenten entspricht, hat er geradezu einen Lottotreffer gezogen. Denn dann kann ihn das Leben kaum mehr einbremsen, wie man von so manchen berühmten Genies weiß, aber auch von einfachen Persönlichkeiten, die sich mit anhaltender Begeisterung in ihr Lieblingsgebiet eingearbeitet haben.

Es ist traurig, dass Eltern meistens mehr unternehmen, um die Leistungsdefizite ihrer Kinder zu kompensieren, als um aufkeimende Interessen ihrer Kinder zu unterstützen. Auch ist es unfruchtbar, Kinder mit Extras zu beschäftigen, die sie *nicht* interessieren. Freilich muss man Phasen des Herausfindens durchlaufen, in denen die Kinder mit den verschiedensten Freizeitaktivitäten vertraut gemacht werden, aber am Ende sollen die „Wasserratten" in den Schwimmverein, die „Sänger" in den Kirchenchor, die „Tüftler" in den Bastelkurs der Volkshochschule, die „Naturburschen und -mädchen" zu den Pfadfindern, die „Sprachfans" in Auslandsferien oder die „Hobbychemiker" in die Laborecke im Keller. Ob dabei die Schule ein klein wenig zu kurz kommt? Vielleicht. Dennoch ist es das Wagnis wert. Kreativ in die Welt hineinwirken muss der Mensch stets mit seinen Stärken, und wenn er das von klein auf gelernt hat, wird die Zukunft ihre Wege vor ihm ebnen. Die Freude wird sein Wegbegleiter sein.

Begabungsprofil eines Kindes

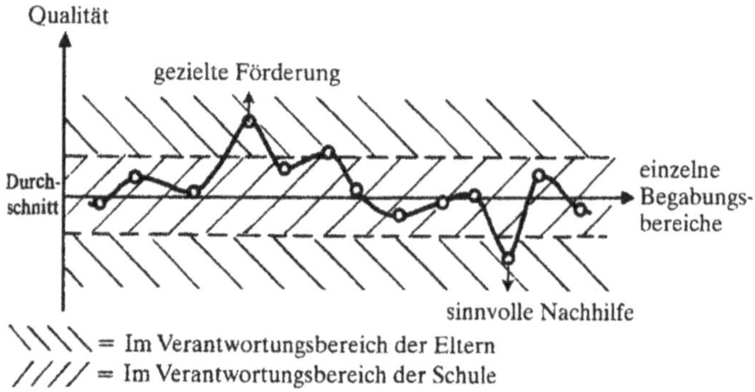

Beglückwünschen Sie Ihr Kind für das Winzigste, das ihm trotz einer Schwäche gelingt, und ermöglichen Sie ihm das Beste, was es für die Entfaltung seiner Stärken benötigt. Es wird deutlich weniger Schulschwierigkeiten haben.

Motivation und Begeisterung

Ihr Kind könnte viel. Aber will es auch, was es könnte? Weiß es überhaupt, was es will? Und will es, was für es bekömmlich ist? Eine Menge offener Fragen ranken sich um den Willen eines Menschen, und das schon sehr früh.

Die Beobachtung und Förderung der kindlichen Begabungsschwerpunkte hat noch einen weiteren Vorteil. Es kann dem heranwachsenden jungen Menschen die spätere Berufssuche erleichtern. Es ist ein enormer Fortschritt, dass die junge Generation in unserer Gesellschaft weitgehende Freiheit bei ihrer Berufswahl hat, also eher durch äußere Barrieren (Zugangsbeschränkungen, Arbeitsmarktsituation) als durch ihre Eltern eingeengt ist. Wahl bedeutet aber auch die „Qual der Wahl", und so manche junge Menschen schlittern nach ihren Schulabschlüssen in „Übergangskrisen" hinein. Da ist es sehr hilfreich, wenn sie sich ihrer besten Befähigungen klar bewusst sind. Denn selbst wenn sie nicht alle Eignungen, die sie in sich verspüren, beruflich verwerten können, so haben sie an ihnen doch ein ständiges Prophylaktikum gegen Frust und Langeweile sowie kräftige Stützpfeiler in Krisenzeiten.

Die Frage, wie ein junger Mensch herausfindet, was er nach seiner Schulzeit machen will, führt uns zum umfangreichen Kapitel der menschlichen Motivation, negativ ausgedrückt, zu den Motivationsstörungen. Es ist ein Jammer, wenn ein Mensch nicht weiß, was er will. Es ist ein Elend, wenn er tut oder tun muss, was er nicht will. Und es ist sein „Ende", wenn er nichts mehr will. Das Wollen ist sozusagen das Privatissimum des Menschen, in das kein anderer hineinfunken kann und das sich möglichst mit seinem Lebensstil und seinem Tagesablauf decken soll. Wenn nicht, kumulieren die Probleme, weil eine Instanz im Menschen ununterbrochen „nein" schreit, egal wie gehorsam dieser Mensch sich seinen ungewollten Affären beugt. Was sich in ihm aufbäumt, zerreißt seinen inneren Frieden.

Ich habe für das Zustandekommen von hinreichenden Leistungen drei Bedingungen genannt, nämlich entsprechende Fähigkeiten, günstige Umstände und einen festen Willen, und ich habe darauf hingewiesen, dass von Letzterem enorm viel abhängt. Das ist bei Kindern genauso wie bei den Erwachsenen. Freilich hält sich bei gewissen Tätigkeiten die Begeisterung in Grenzen. Badezimmer putzen, Hemden bügeln, Rasen mähen, Auto zum Service bringen und Ähnliches sind nicht gerade Lieblingsbeschäftigungen. Dennoch ruhen sie im

Normalfall auf einem inneren Ja auf: dem Ja zu einem sauberen Zuhause, einem hübschen Garten oder einem funktionstüchtigen Auto. Im Grunde werden sie „gewollt". In eine solche Übereinstimmung von Tun und innerem Ja zum Tun müssen die Kinder erst hineinwachsen. Was sie dabei brauchen, ist das wertschätzende Feedback ihrer Eltern.

Aber Vorsicht bei Belohnungen und Bestrafungen: Es gibt zwei Fallgruben, die darauf lauern, dass Väter und Mütter in sie hineinplumpsen.

Erstens wirken weder langfristige Gewinnversprechen noch langfristige Schadensandrohungen, was zum Beispiel ein riesiges Problem in der Gesundheitsvorsorge ist. Erklärt man Leuten in der Lebensmitte, sie mögen regelmäßig turnen, damit sie bis ins hohe Alter beweglich bleiben, motiviert sie das wenig, denn bis zum Alter ist noch lange Zeit, und von steifen Gelenken haben sie keine richtige Vorstellung. Gibt man ihnen aber bei Kopfschmerzen eine Tablette, die den Schmerz innerhalb von Minuten zum Abklingen bringt, greifen sie zu. Die Schmerzbefreiung in wenigen Minuten ist unvergleichlich begehrenswerter als bewegliche Gelenke im Alter. Eltern sollten daher nie hohe Belohnungen am Ende eines langwierigen Lernprozesses ankündigen. Ein Fahrrad für ein vorzügliches Zeugnis anzukündigen, wenn das Kind gerade ein Lerntief hat, nützt nicht viel. Ebenso wenig nützt es, einem pubertierenden Schulschwänzer zu erklären, dass er später einmal nur Hilfsarbeiterjobs finden wird.

Die zweite Fallgrube ist um einiges dramatischer, denn sie stiftet Unheil. Wird ein Kind konsequent für Folgsamkeit, Anpassung, gute Schulnoten und „braves" Verhalten belohnt, wird es sich zunächst darum bemühen, was ganz im Sinne der Eltern ist; aber jetzt kommt der „Pferdefuß": Es wird allmählich glauben, die Eltern lieben es nur, wenn es sich folgsam und angepasst verhält und schulische Erfolge heimbringt. Es wird nicht mehr daran glauben, dass es bedingungslos geliebt wird. Im Klartext: Es wird seine Leistungen oder seine Unterwürfigkeit wertgeschätzt wissen – und nicht sich selbst. Dies wird es mit zunehmender Reife „bockig" machen, und es kann der „Tag des Protestes" kommen, an dem es sich um die „Leistungs- und/oder Anpassungswertschätzung" seiner Eltern nicht mehr kümmert, alle bisherigen Bemühungen vom Tisch fegt und ins Gegenteil torkelt, in die Arme einer ähnlich ausgeflippten Peergroup, in Protestkleidung, in Ausbildungsabbrüche oder gar in Magersucht, in Drogensucht … Solche Albtraumszenarien sind zwar beileibe nicht immer die Schuld der Eltern, aber die (zutreffende oder nicht zutreffende) Idee, *nicht um seiner selbst willen wertgeschätzt zu sein* ist ein Gefahrenfaktor höchsten Ranges für junge Menschen, die noch wenig Halt aus sich selbst schöpfen können.

Seien wir also sparsam mit Belohnungen, und setzen wir an deren Platz die bloße Freude am Kind, die von nichts abhängt, sowie das lobende Sich-Mitfreuen an allem, was ihm gelingt. Das Kind soll selbst auf seine kleinen Leistungen stolz sein dürfen. Wer je ein Kleinkind beobachtet hat, das aus Bausteinen einen Turm baut, unermüdlich, bis der Turm endlich nicht mehr umfällt, und das ihn dann glücklich betrachtet, der weiß, dass kreatives Werken selbstmotivierend ist. Die lächelnde Mutter, die dem Kind zärtlich über den Kopf streicht, ist „Draufgabe". Und kippt der Turm doch noch um, ist ihr Streicheln Trost und Ermutigung für den nächsten Versuch.

Auch ist es paradox, das Kind kaum zu beachten, solange es sich unauffällig verhält, und ihm Beachtung zu zollen, sobald es Schwierigkeiten macht. Achtung und Beachtung verdient es allemal, und insbesondere, wenn es sich von seiner kooperativen Seite zeigt. Nicht selten jedoch merken schon die Kleinsten, dass sie die Aufmerksamkeit der Mutter über Trotz, Geschrei, Essen ausspucken etc. auf sich lenken können, und obwohl es Tadel hagelt – dass sich ihre Mutter ihnen „zuwendet", ist ihnen samt Tadel lieber als gar keine Zuwendung! Beim Stichwort „Tadel" taucht die Frage nach Strafen auf. Nun, mit diesen sollten wir noch sparsamer umgehen als mit Belohnungen. Aggression erzeugt Gegenaggression, und Strafen erzeugen Opposition. Allerdings mit einer Ausnahme, nämlich dem pädagogisch konstruktiven Konzept der *Wiedergutmachung*. Sie ist ein „Königsweg" bei sämtlichen Vergehen, deren sich der *homo sapiens* schuldig machen mag.

Wiedergutmachungen haben im Unterschied zu den Strafen einen Sinnzusammenhang. Ein Kind hat eine Vase zerbrochen: Es trägt von seinem Taschengeld dazu bei, eine neue zu kaufen. Ein Kind hat einen Stallhasen getreten: Es pflegt einen Monat lang diesen Hasen, füttert ihn, striegelt ihm das Fell, mistet seinen Nestplatz aus. Ein Kind hat seinem Geschwisterchen ein Spielzeug weggenommen: Es entschuldigt sich, gibt es ihm zurück und spielt friedlich mit ihm. Ein Kind hat die Mutter angelogen: Es gesteht die Wahrheit ein und verspricht, in Zukunft ehrlicher zu sein. – Solche Kinder erfahren, dass es kein Malheur ist, Fehler zu machen, solange man anständig genug ist, sie zuzugeben und nach Kräften wiedergutzumachen. Sie lernen, dass Schuld zwar nichts Schönes ist, aber mittels gutem Willen und echter Wertschätzung für den Geschädigten wieder getilgt werden kann. Eine Weisheit fürs Leben!

Vielen Strafen fehlt ein vergleichbarer Sinnzusammenhang. Ein Kind hat eine Vase zerbrochen und darf eine Woche lang nicht fernsehen. Ein Kind hat einen Stallhasen getreten und erntet eine Tracht Prügel. Ein Kind hat seinem Geschwisterchen ein Spielzeug weggenommen und wird in ein Zimmer eingesperrt. Ein Kind hat die Mutter angelogen, und die Mutter spricht tagelang kein Wort mit ihm. - Solche Kinder erfahren, dass sich die Erwachsenen rächen, wenn man sie ärgert. Wie ich dir, so du mir. Wenn ich dir weh tue, tust du mir weh - und umgekehrt. Ein Rezept, nach dem Kriege entstehen! Und die ganz Mutigen unter den Kindern riskieren ungeniert die „Rache" der Eltern, wenn sie etwas Verbotenes im Sinn haben. Sie müssen es nur heimlich tun oder die Schuld jemand anderem in die Schuhe schieben ...

Motivation fördert man nicht über Belohnung und Bestrafung. Mit „Zuckerbrot und Peitsche" kann man allerhöchstens Tiere dressieren. *Menschliche Motivation bedarf der Begeisterung*. Bedarf eigener Zielsetzungen, überzeugter Sinnstrebungen, bedarf eines profunden Interesses, genau wie das Wort „Interesse" es meint: eines stimulierenden Schwingens zwischen (*inter*) dem Sein (*esse*) der Person und Inhalten der sie umgebenden Welt. Eltern können dazu beitragen, indem sie selbst ein begeistertes Engagement vorleben, indem sie alles Wertvolle, das sich rund um sie herum abzeichnet, mit Begeisterung akzentuieren und sich von den Unwerten, die ebenfalls ringsum grassieren, nicht in ihrer Begeisterung dämpfen lassen. Gerald Hüther, langjähriger Leiter der Abteilung für neurobiologische Grundlagenforschung an der Psychiatrischen Klinik der Universität Göttingen, erklärte in einem Vortrag vom Dezember 2011 über das Thema „Mentale Gesundheit“ die unerhörte Brisanz des Phänomens „Begeisterung“ aus biologischer Sicht:

Aus einem Vortrag von Gerald Hüther

„Unser Gehirn wird nicht einfach so, wie man es benutzt, sondern – und jetzt halten Sie sich fest – es wird so, wie man es mit Begeisterung benutzt. Der Begriff der Begeisterung wird uns im 21. Jahrhundert, das verspreche ich Ihnen, nicht wieder verlassen. Schauen Sie sich kleine Kinder im Alter von zwei, drei Jahren an: Die erleben bei ihren Erkundungen und Entdeckungen am Tag an die hundert ‚Begeisterungsstürme‘. Begeisterung heißt, es geht einem unter die Haut, und dadurch werden neben den kognitiven auch die emotionalen Zentren im Gehirn aktiviert. Im Mittelhirn liegen die emotionalen Kerngebiete, die mit ihren langen Fortsätzen in die höheren Hirnregionen reichen. Immer dann, wenn man sich über etwas freut, werden an den Synapsen, den neuronalen Verbindungen, sogenannte neuroplastische Botenstoffe ausgeschüttet. Die neuroplastischen Botenstoffe werden niemals aktiviert, wenn man Telefonbücher auswendig lernen soll, sondern nur dann, wenn man begeistert lernt. Um es ganz einfach zu sagen: Die neuroplastischen Botenstoffe wirken wie Dünger fürs Hirn. Wissenschaftlich heißt das: Sie führen dazu, dass in einem rezeptorvermittelten intrazellulären Signaltransduktionsprozess Genexpression plötzlich verändert wird, dass der Zellkern anfängt, neue Eiweiße zu bilden. Diese werden benutzt, um neue Fortsätze zu bilden, neue neuronale Kontakte zu knüpfen und bestehende fester und effizienter zu machen. Immer wenn Sie sich in Ihrem Leben für etwas begeistern können, geht in Ihrem Hirn eine Art Gießkanne an, es kommt ein Dünger heraus und der düngt Ihr Hirn. Und das, was Sie im Zustand der Begeisterung gerade gemacht haben, was Sie gerade gelernt haben, das setzt sich gut im Gehirn fest auf Grund dicker werdender neuronaler Verknüpfungen."

Lernen geschieht also nachweislich am intensivsten über Begeisterung. Ob die Verantwortlichen für Schule und Bildung das wissen? Den Eltern von Schulkindern sei jedenfalls dringend geraten, die ursprüngliche kindliche Begeisterung ihrer Lieblinge immer wieder aufs Neue anzufachen, wo sich nur Gelegenheit dazu bietet. Der Weg durch die Schule ist der Weg ins Leben, und die Erinnerung an die Schule ist Teil des Begreifens des Lebens. Nicht die Noten werden das Glück des Kindes bestimmen, doch dieses „Begreifen des Lebens" wird es mitbestimmen.

Motivationsstörungen bei Kindern entstehen, wenn ihr Wille gestutzt wird. Wenn einzig ein fremder Wille zählt. Wenn die in ihnen aufwogende Begeisterung abgewürgt wird. Wenn weit und breit keine fremde Begeisterung da ist.

Wenn Verwahrlosung droht

Frustration erzeugt Aggression. Aggressive Menschen leiden oft an einem Schmerz und lassen oft andere Wesen wieder Schmerz erleiden. Jemand muss diese Kette unterbrechen. Könnten Sie ein solcher Jemand sein?

So bedeutsam der Bereich „Konzentrationsstörungen und Schulschwierigkeiten" ist, an erster Stelle steht er (laut der erwähnten Studie aus den 80er Jahren) nicht. An erster Stelle aller familiären Probleme stehen die Kontaktschwierigkeiten zwischen Familienmitgliedern, Gleichaltrigen, mit Lehr- und Autoritätspersonen, und meistens stellt sich damit verbunden die Frage der Aggressionsbewältigung. Es gibt zwar auch Kontaktschwierigkeiten, die auf einer Kontaktarmut und auf Hemmungen beruhen, doch liegen diese nicht vorrangig an einem gestörten Verhältnis zu anderen Menschen, sondern in den Personen selbst, die extrem introvertiert und schüchtern sind, was unter Punkt 3 (der Studie aus den 80er-Jahren) abzuhandeln sein wird. – Bleiben wir vorerst bei Punkt 1, den Aggressionen, Provokationen und Brutalitäten, die nicht nur ein ernstes Problem im Erziehungsgeschehen bilden, sondern im gesamten Weltgeschehen eine Frage des Überlebens unserer Spezies sind. Als würden sie (geistige) Kerne spalten, sind sie Auslöser schrecklicher Kettenreaktionen. Geringfügige Anlässe können massive Aggressionsbezeugungen entfesseln, die zu sinnlosen Destruktionen entarten. Zur Zerstörung nicht nur dessen, wogegen sich eine Aggression urtümlich gerichtet hat, sondern auch zur Zerstörung ähnlicher und benachbarter „Inhalte“, die am Ganzen völlig unbeteiligt sind. Die offenkundige Sinnlosigkeit solcher Aggressionsentladungen, die Schuldige wie Unschuldige treffen und am Ende immer nur „Verlierer“ zurücklassen, steht in einem so krassen Widerspruch zur menschlichen Vernunft, dass von jeher Wissenschaftler nach Erklärungsmustern gesucht haben, ohne bislang zum entscheidenden Durchbruch zu gelangen. In den Kleingemeinschaften der Familien ist es dasselbe: Minimale Auslöser können zum totalen Kollaps des häuslichen Friedens führen.

Worin wurzelt die Aggressivität des Menschen? In seinem Raubtiererbe (Lorenz)? In der Verzweiflung über die Absurdität seiner Existenz (Sartre)? Ich möchte einen Vorschlag hinzufügen: *Im Grundgefühl, nichts wert zu sein*. Wer aber setzt jemandem einen solchen „Floh“ ins „Ohr“? Der Mangel an Wertschätzung, den er erfahren hat.

FORTSETZUNG EINES FALLBEISPIELS:

Ich habe von dem neunjährigen Bub berichtet, der in seiner Freizeit Käfer und Bienen tot geschlagen hat. Eines Nachmittags wurde er von Spaziergängern dabei erwischt, wie er einer gefangenen Amsel Feder für Feder ausriss, bis das Tier qualvoll verendete. Die Polizei wurde eingeschaltet, der Schuldirektor informiert, die Eltern wurden zum Jugendamt vorgeladen. Sie tobten. Die Beamten wollten den Jungen einer psychiatrischen Behandlung zuleiten. Die Eltern liefen dagegen Sturm, und schließlich einigte man sich auf den Kompromiss, mir das Kind zur Begutachtung vorzustellen. Am nächsten Tag saß das Häufchen Elend bei mir.

Eine Klärung der häuslichen Zustände ergab, dass der Vater Angestellter in einem Architekturbüro war, mit Arbeit bis zur Nasenspitze eingedeckt, ständig überfordert und einem knallharten Chef ausgeliefert, wie er mir erzählte. Abends sei er fix und fertig, am Wochenende schufte er daheim fürs Büro. Die Mutter arbeitete ganztags als Verkäuferin. Abends erledigte sie schnell die nötigen Einkäufe und kochte für den nächsten Tag vor, am Wochenende kümmerte sie sich um die gröbere Hausarbeit. Befragt, ob sie eventuell auf eine Halbtagsarbeit umsatteln könnte, verwies sie auf einen Berg Schulden, den sie und ihr Mann abstottern mussten. Immer dasselbe Problem, Marke Eigenbau ... Nach der Schule war das Kind zu Hause allein, langweilte sich und strolchte in den nahe gelegenen Wiesen und Feldern umher. Seine Wochenenden verliefen analog triste. Der Knirps gestand mir freimütig allerlei Unfug. Zum Beispiel, dass er Schnecken und Würmer suche, um sie mit seinem Taschenmesser zu zerschneiden. Alles Lebendige würde ihn interessieren, erläuterte er mir, und er würde es gerne „untersuchen".

Es blieb mir nichts anderes übrig, als mit den Eltern ein ernstes Wort unter sechs Augen zu sprechen. Wollten sie mit Geld gesegnet sein oder mit einem gesunden Kind? Ihr Junge drohte zu verwahrlosen! Ich konnte dafür sorgen, dass er zur Nachmittagsbetreuung in einem heilpädagogischen Hort aufgenommen wurde, aber ohne ein radikales Umdenken bei seinen Eltern würde diese Maßnahme nicht ausreichen. Zerknirscht und abgehärmt hockten die Eltern da und fragten, was sie denn tun sollten. „Sie haben Fehler gemacht, und Ihr Sohn hat Fehler gemacht", antwortete ich. „Und jetzt richten Sie sich auf zu Ihrer vollen Größe und demonstrieren Sie Ihrem Sohn, dass Fehler rückwirkend einen Sinn gewinnen, wenn man an ihnen wächst und auf dem Umweg über sie zu einem anderen und besseren Menschen wird." Überraschung malte sich auf die Gesichter der Eltern. Das hatten sie nicht erwartet. Ich breitete das Konzept der Wiedergutmachung vor ihnen aus und half mit Tipps, wo ihre Fantasie versagte. Danach holten wir den Jungen ins Zimmer. Die Eltern standen auf, beugten sich zu ihm hinunter und *entschuldigten sich bei ihm.* Sie sagten, dass sie sich bisher zu wenig Zeit für ihn genommen hatten, dass sie ihn vernachlässigt hatten und ihn nicht genug hatten spüren lassen, wie lieb sie ihn hätten. Sie baten ihn um Verzeihung. Der Junge schluchzte und drückte sich der Mutter in die Arme. Dann setzten sich die Eltern, nahmen ihn zwischen sich und versprachen ihm, dass in Zukunft sowohl der Vater als auch die Mutter wenigstens einmal pro Woche mit ihm etwas unternehmen würden, was ihn freue. Bei diesen Unternehmungen würden die Eltern ihre sonstigen Verpflichtungen liegen lassen und dem Zusammensein mit ihm Vorrang geben. Der Vater schlug vor, noch in dieser Woche mit ihm ins große Aquarium der Stadt zu gehen, wo man seltene Fische betrachten könne. Die Mutter hatte die Idee, noch diese Woche mit ihm das Programm für seinen kommenden 10. Geburtstag zu planen, zu dem er Schulfreunde einladen könne. Beide Eltern machten ihrem Sohn klar, dass die gemeinsamen Unternehmungen nicht kostenaufwendig sein dürften, dafür aber Zeichen sein sollten, wie viel er ihnen bedeute. Das Schluchzen des Jungen verwandelte sich in Strahlen.

Da schickte ich die Eltern in den Vorraum und wandte mich an den Sohn. „Jetzt bist du an der Reihe“, sagte ich zu ihm. „Mache es wie deine Eltern …“

Es dauerte nicht lange und er verstand, was ich von ihm wollte. Er sollte auf die Wiese seiner Streifzüge gehen, sich an einem stillen Ort ins Gras setzen und *sich bei den Tieren entschuldigen.* „Sprich mit ihnen", sagte ich, „und bitte sie um Verzeihung. Sie haben große Schmerzen durch dich gelitten. Biete ihnen etwas Liebevolles an …" Nachdenklich saß der Knirps da und zog die Stirn in Falten. Ich störte ihn nicht. „Ich könnte im Winter Futterringe für die Vögel auf die Zweige der Büsche hängen", platzte er plötzlich heraus. Ich lachte. „Das wäre prima!", rief ich. „Versprich es ihnen ganz fest und halte dein Versprechen." Eifrig nickte der Junge.

Erleichtert und voller positiver Absichten verließ mich die Familie. Monate später wanderte ich durch die Gegend, in der sie wohnte. Es war kalt, und tatsächlich hing da und dort ein Futterring an einem Zweig. Das wärmte mir das Herz, obwohl ich bereits von der Lehrerin des Kindes wusste, dass ihm die Horteinweisung gut getan hatte und nichts Bedenkliches mehr vorgefallen war. „Psychiatrische Unterstützung" haben wir nicht gebraucht, dafür – ein Quäntchen Liebe bei allen Beteiligten.

Kinder verwahrlosen, wenn man sich nicht um sie kümmert. Kriminalität, Alkoholismus, Arbeitslosigkeit, Verlust von sozialem Verständnis und von Verantwortungsgefühl sind häufig die gravierenden (Spät-)Folgen.

Es war einfach niemand da ...

Fällt ein Vogel aus dem Nest, stirbt er. Findet ein Menschenkind kein warmes Nest vor, stirbt es nicht. Es sucht sich selbst Strategien des Überlebens. Dabei kann es Erfolg haben, sich aber leider auch verirren.

An Hand des obigen Fallbeispiels möchte ich noch kurz den Bogen zu einem früheren Thema spannen. Allein auf sich gestellt, war der Junge gezwungen gewesen, sich selbst Spiele auszudenken. Dass diese in Tierquälerei einmündeten, lag an seinem Interesse für alles Lebendige. Hätte er mehr technisches Interesse gehabt, hätte er vielleicht Autospiegel abmontiert oder Fahrradschlösser aufgebrochen. Bei entsprechender elterlicher Zuwendung und Förderung hätte sein Interesse allerdings in wesentlich fruchtbarere Bahnen gelenkt werden können. Bei seinen Neigungen hätte ihm die Laufbahn eines tüchtigen Biologen oder Arztes offen stehen können.

Bei einem interessierten Kind wie diesem empfiehlt es sich, dass die Eltern selbst mit ihm auf Entdeckungsreise gehen, hinaus in die Welt der Natur, ihm die Wertschätzung für Pflanzen und Tiere einimpfen, mit ihm zusammen beobachten, was in der Wiese kriecht und fliegt, voller Demut vor den Mirakeln des Lebens. Wie anders hätte sich der Junge verhalten, wenn ihm die Mutter schon als Kleinkind einen Käfer gezeigt hätte, der auf den Rücken gefallen war, um ihn dann behutsam umzuwenden, damit er wieder auf seine Beinchen käme. Oder wenn der Vater bei einem Waldspaziergang vor den Augen des Kindes eine Schnecke, die mitten im Weg saß, aufgehoben und an den Wegrand befördert hätte, damit niemand in der Eile darauf tritt. Vielleicht sollte so ein Kind zu Hause ein Tier halten dürfen, das es zu hegen und zu versorgen lernt. Vielleicht sollte es ein eigenes Blumengärtchen am Fensterbrett erhalten, in das es Samen legt, um Wachsen und Blühen mit seinem kindlichen Gemüt zu erfassen. Wo Interesse ist, lässt sich Begeisterung zünden. Wo Begeisterung lodert, wird einprägsam gelernt. Und wo ein Mensch sich wertgeschätzt weiß, lernt er, seine Um- und Mitwelt ebenfalls wertzuschätzen …

Es gibt nicht nur die Ketten der Gewalt, es gibt auch die Ketten der Liebe, die sich fortpflanzen.

Verwahrlosung ist kein Symptom bestimmter gesellschaftlicher Milieus; nicht umsonst gibt es das Schlagwort von der „Wohlstandsverwahrlosung“.

Kinder sind findig. Sie merken es, wenn sie mehr lästig als erwünscht sind und ihre „Bezugspersonen“ froh sind, wenn sie bloß Ruhe geben. Also boxen sie sich aus eigenen Kräften durch ihr junges Leben. Wobei der Ausdruck „boxen“ nicht nur Symbolcharakter hat. Auf der Straße lernt man, dass der Stärkere siegt und der Schwächere auf der Strecke bleibt. Angst verbreiten ist allemal besser als Angst haben. Tragischerweise sind die „Siege“ verwahrloster Kinder äußerst nachhaltig. Die Ohnmacht der Opfer wird zu ihrem (schäbigen) Genuss. Hier ein Ausschnitt aus der Zeitschrift „Schule und wir“ von 1995 …

Aus einem Zeitschriftenartikel

„‚Kommen Sie schnell!‘, stürzen aufgeregt ein paar Buben in das Zimmer des Schulleiters. ‚Da unten schlagen Rocker einen von uns zusammen!‘ Als Schulleiter A. am Tatort anlangt, ist bereits alles vorbei. Thomas, das Opfer aus der 9. Klasse, rappelt sich vom Boden auf. Er blutet, seine Kleidung ist zerrissen. Nach der ersten Hilfe im Sanitätsraum erkundigt sich der Schulleiter: ‚Nun erzähle; was war denn eigentlich los?‘ ‚Ich sage nichts‘, winkt Thomas ab, ‚sonst geht es mir morgen noch dreckiger.‘ Schulleiter A. ist erstaunt. ‚Waren die Schläger denn von unserer Schule?‘, beginnt er vorsichtig noch einmal. ‚Nein, von der X-Schule‘, presst Thomas heraus, ‚aber ich sage keinen Namen. Wenn du uns verpfeifst, hat einer von den Typen gedroht, dann machen wir dich erst richtig fertig.‘ Mehr ist aus dem verängstigten Buben nicht herauszubringen.

Darum bittet Schulleiter A. am nächsten Tag die Eltern zu sich. Als er die Rede auf Polizei und Anzeige bringt, wehren auch sie erschrocken ab. ‚Nur das nicht! Die Rocker schlagen unseren Thomas sonst tot.‘ Der Schulleiter ist ratlos.“

Welch ein Triumph für die Rocker! So zynisch es klingen mag, aber auch sie sind keine „Teufel“, sondern wertvolle Menschen, die sich - verirrt haben. Die ersten Vorboten ihrer Verirrung waren vermutlich Distanzlosigkeit und Bindungsschwäche. Sie versäumten es, einen Bezug zu ihren Bezugspersonen aufzubauen, also gingen sie ungeniert zu jedem Fremden, von dem sie nur hofften, etwas bekommen zu können, und mieden diejenigen, von denen sie weggestoßen wurden oder denen sie gleichgültig waren. Allmählich lernten sie, sich dasjenige, was sie bekommen wollten, mit unlauteren Mitteln zu holen und ihrerseits die übrigen Menschen wegzustoßen. Es gibt Leute, die solche Vorboten einer Verirrung verkennen. Ich habe Frauen erlebt, die in ein Kinderheim gingen, um sich ein Patenkind auszusuchen, und die dazu tendierten, gerade jene Kinder auszuwählen, die ihnen von Anfang an („zutraulich“) entgegenliefen, sie anbettelten oder in ein Gespräch verwickelten. Dabei waren es die bereits am meisten geschädigten Kinder, nämlich distanzlose Kinder. Bindungsschwach sind diese Kinder auch in Hinblick auf Aufgaben oder Dinge. Es war einfach nie jemand da, der sich an ihren kleinen Leistungen gefreut hätte, ihren Ehrgeiz zu schwierigeren Leistungen angestachelt und sie in ihren Talenten gefördert hätte. Also erhalten Aufgaben und Dinge den Stempel der Gleichgültigkeit. Verwahrloste Kinder beginnen ein Spiel und hören sogleich wieder auf, drehen den Fernseher auf und schauen nicht hin, ziehen einer Puppe die Kleider vom Leib und werfen sie in die Ecke. Schulaufgaben werden anfangs noch „hingeschmiert", später verweigert, die Interesselosigkeit steigt, die Lustlosigkeit dominiert. Das einzige Highlight, das ihnen verbleibt, ist der „Spaß des Augenblicks", der Thrill im Hier und Jetzt, und selbst dieser verdünnt sich mit der Zeit. Arme Kinder! Sie sind die Sieger? Ja, bei einem angstgeschüttelten Thomas, dessen Niederlage ihnen ein bisschen Nervenkitzel verschafft. In Wirklichkeit sind sie die Topverlierer: unfähig zu echter Bindung, unfähig zu motivierter Ausdauer, unfähig, an irgendeiner Tätigkeit Freude zu finden, von Kindheit an untergegangen in der Indifferenz ihrer Erzieher und in einer inneren Einsamkeit, der sie nicht gewachsen waren.

FALLBEISPIEL:

An einem Sonntagmorgen begegnete ich einem 14-jährigen Mädchen, das ich aus meiner Praxis kannte. Es lehnte mit einer Gruppe anderer Jugendlicher an einer Hauswand, redete und rauchte. Meine Familie und ich machten einen Ausflug von etwa vier Stunden, und als wir zurückkehrten und wieder durch diese Straße gingen, lehnte das Mädchen mit den anderen Jugendlichen immer noch dort. Es stand, umgeben vom Straßenlärm und -gestank, müde vom Stehen und Reden, hielt eine ausgebrannte Zigarette in der Hand und blickte leer vor sich hin. „Armes Kind“, dachte ich, „was wirst du abends tun? In einer Diskothek hopsen, an Cola-Rum nippen, dich vom Krawall betäuben lassen? Nichts denken, nichts fühlen? Ich nahm mir vor, ihr bei unserem nächsten Gespräch in der Praxis „Sonntagsalternativen“ vorzulegen. Aber sie erschien nicht mehr zum nächsten Termin. Nicht einmal dafür hatten ihre Bezugspersonen gesorgt ...

Arm sind beide: die Täter und ihre Opfer. Unser uneingeschränktes Mitleid gelte den Opfern von Gewalttaten. Aber ein kleiner Rest davon richte sich auch auf die Täter. Denn: Sie sind nicht als Täter geboren worden!

Gruppenzugehörigkeit und Autonomie

Als was ist der Mensch geboren? Als ein geistiges Wesen mit Würde, Freiheit und Selbstbestimmungspotenzial. Als ein Wesen mit einem persönlichen Gewissen und einem Zugang zum divinen Wertehorizont über sich.

Wir haben sowohl bei den Rockern, die über Thomas hergefallen sind, als auch bei dem 14-jährigen Mädchen, das den Sonntag mit Rauchen auf der Straße zugebracht hat, vernommen, dass sie „in Gruppen waren". Selbstverständlich ist die Zugehörigkeit zu einer Gemeinschaft oder Gruppe schön, aber sie kann auch Zeichen der beschriebenen Distanzlosigkeit und Bindungsschwäche sein, wenn die Persönlichkeit und Individualität eines jungen Menschen so unterentwickelt bzw. verkümmert ist, dass er sich den Lebensauffassungen, Normen und Zielen einer Gruppe „mit Haut und Haaren" (modisch oft im wahrsten Sinne des Wortes!) verschreibt, bloß um irgendwo beheimatet zu sein. Die Gruppe wird dann zum Ersatz für das Nest, das er nicht gehabt hat.

Man kennt aus der Historie entsetzliche Gruppenphänomene, bei denen normale, vernünftige Menschen als Elemente einer Gruppe zu Wahnsinnstaten imstande waren, sei es in Paniksituationen, bei politischen Massenrevolten, religiösen Massensuggestionen oder Kriegsverbrechen. Umso gefährlicher ist es, wenn sich seelisch labile und unreife Menschen zu Gruppen formieren. Sie sind Wachs in den Händen skrupelloser Anführer (z. B. von Sekten), die sie zu jedem Blödsinn anstiften können.

Eltern sollten solchen Phänomenen gegensteuern, indem sie ihre Kinder von Anfang an zur Autonomie erziehen. Es ist mutig, Gruppenrepressalien zu widerstehen, und wenn Eltern sich tapfer dazu aufraffen, wird es ihren Kindern auch leichter gelingen. Aber welch fragwürdige Aussprüche von Eltern habe ich diesbezüglich schon gehört! „Ich kaufe meiner Tochter das sündteure Kosmetikzeug, das sie will. Die anderen Mädchen in ihrer Klasse haben es schließlich auch.“ – „Ich halte es für zu früh, dass unser Sohn Motorroller fährt. Aber was soll ich machen, damit kann er halt vor seinen Mitschülern punkten …“ – „Mein Sohn hätte von der Party ruhig mit dem Bus nach Hause fahren können. Aber er behauptete, alle anderen Gäste würden abgeholt, da wollte ich nicht als Rabenvater dastehen …“

Diese Eltern muss man ernsthaft bedauern. Ihre Kinder auch. Wer, bitte, entscheidet, was sie tun? Die Botschaft ist ebenso eindeutig wie abstrus: Folge der Menge, denn sie hat recht! Orientiere dich an der Menge, denn sie kennt die Wahrheit! Verhalte dich wie die anderen, dann erhältst du ihr Wohlwollen! Noch schlimmer: Unterdrücke deine speziellen Interessen, wenn die Menge sie nicht anerkennt! Höre nicht auf dein Gewissen, wenn die Menge Richtlinien vorgibt! Wehe dem Jugendlichen, der ein weißes Hemd anzieht, wenn Gammellook in ist! Wehe dem Individualisten, der sich in ein Fachbuch vertieft, wenn seine Freunde beim Fußballmatch sind! Wir leben jedoch, um unserer je *eigenen* Berufung und Erfüllung zu folgen, und nicht, um andere zu kopieren. Die Gemeinschaft vieler kann nie Antwort darauf geben, wozu die innere Sinnorientierung eines Einzelnen ihn auffordert und einlädt.

Besonders begabte und geförderte Kinder weichen von der Gruppennorm ab, was sich mitunter mit der Gruppe reibt. In echten Freundeskreisen jedoch wird die Unterschiedlichkeit ihrer Mitglieder respektiert, und fremde Meinungen werden toleriert. Toleranz ist ein starkes Gegengewicht zur Aggression. Toleranz ist die Achtung vor dem „Du", eines der höchsten und kostbarsten Güter unserer Kultur. Nichts macht so frei wie eine tolerante Gesinnung, und nichts so unfrei wie Intoleranz – oder ein Sich-beugen vor Intoleranz. Lehren wir deshalb unsere Kinder früh genug, *selbst zu entscheiden und ihre Entscheidungen selbst zu verantworten.* Das geht am besten in drei Schritten: *Wahlmöglichkeiten klarle-*

gen, Folgen abwägen, die Entscheidung durchtragen. Schon bei minimalen Gelegenheiten kann nach diesem Schema geübt werden.

Wahlmöglichkeiten klarlegen: „Du kannst dein Taschengeld jetzt ausgeben, um dir eine Kleinigkeit, z.B. etwas Süßes, zu kaufen. Du kannst dein Taschengeld bis zum nächsten Monat aufheben und dann für deine Mutter einen Muttertagsblumenstrauß besorgen. Du kannst dein Taschengeld ein paar Monate lang sammeln und mit dem gesparten Geld den Profirucksack für die Pfadfinderwoche erstehen."

Folgen abwägen: „Wenn du mit deinem Geld jetzt die Nascherei kaufst, musst du dir etwas Kostenloses für den Muttertag einfallen lassen, z. B. der Mutter ein Blumenbild zu malen. Und für den Rucksack, der dir so gut gefällt, wird es nicht reichen. Wenn du dich für die frischen Muttertagsblumen entscheidest, verzichtest du jetzt auf eine Kleinigkeit und fährst im Sommer mit dem alten Rucksack zur Pfadfinderwoche. Wenn du lieber den bunten neuen Rucksack haben willst, musst du eine Weile der Versuchung widerstehen, dein Taschengeld anderwärtig zu verwenden." – Hierbei lernen die Kinder, dass jede Entscheidung auch einen Verzicht, ein „Minus" nach sich zieht, und dass daher sorgfältig gewählt werden muss, damit das Ziel, das „Plus" jeder Entscheidung letztlich überwiegen kann.

Die Entscheidung durchtragen: „Sobald du gewählt hast, sei zufrieden. Hast du dich etwa für den Muttertagsblumenstrauß entschieden, jammere nicht, dass dein Taschengeld dafür aufgehoben wird oder dass du in diesem Sommer keinen Profirucksack haben wirst. Denk an die Überraschung, die du deiner Mutter bereiten wirst, an ihre Freude und Rührung, und sag dir innerlich, dass dies dein Opfer wert ist. Mach das bei jeder Entscheidung so, die du triffst. Und solltest du einmal im Nachhinein merken, dass deine Entscheidung nicht optimal gewesen ist, dann hast du für die Zukunft eine wichtige Lektion gelernt. Derselbe Fehler passiert dir kein zweites Mal." (Auf diese Weise lernen Kinder auch rechtzeitig die Binsenweisheit, dass man nicht alles haben kann, und sind nicht „beleidigt", wenn das Leben es sie in späteren Jahren unerbittlich lehrt.)

Das Thema „Spannung zwischen Individuum und Gruppe" bzw. zwischen den Polen „Mitläufertum und Außenseitertum" leitet nahtlos über zu den Störungen im Antrieb und Selbstwertgefühl, der Nummer 3 gemäß der Studie aus den 80er-Jahren. Solche Störungen haben kaum offene Aggressionen im Gepäck, sondern eher Autoaggressionen: Neurosen oder Depressionen.

FALLBEISPIEL:

Eltern waren mit ihrem achtjährigen Sohn von München nach Kaiserslautern übersiedelt. Eines Tages ging der Junge zum nahe gelegenen Bahndamm und legte seinen Kopf auf die Schienen. Er wurde gerade noch gerettet, bevor der nächste Zug kam.

Die aufgeregten Eltern brachten den Buben zu mir. Ich sollte klären, was mit ihm los sei. Das war einfach. In München waren seine geliebten Großeltern zurückgeblieben. In München waren seine geliebten Berge und winterlichen Skiabfahrten zurückgeblieben, seine Schulkameraden, seine vertraute Umgebung. Kinder sind anpassungsfähig, aber nur, wenn die neue Gruppe sie akzeptiert. Die Gleichaltrigen in der neuen Umgebung jedoch lachten über seinen Akzent, hielten nichts vom Bergsteigen, verstanden seine Sehnsüchte nicht und spotteten über seine Einstellungen. Er war ein Fremder für sie und vermochte sich nicht in ihre Gemeinschaft zu integrieren.

Ich beschloss einen doppelten Therapieansatz. Als erstes führte ich ein langes Gespräch mit der Lehrerin des Kindes. Das bewirkte, dass sie in den darauffolgenden Wochen München und das bayerische Land vor den Schülern seiner Klasse positiv darstellte, z. B. die eindrucksvollen Berglandschaften mit Fotos und Folien veranschaulichte und dadurch mithalf, bei den Schülern Voreingenommenheit in Staunen zu verwandeln. In diesem Zusammenhang durfte der Junge einen Amateurfilm von einem Skiwettbewerb, an dem er in der „Zwergerl-Riege" teilgenommen hatte, zeigen, was den Pfälzer Kindern außerordentlich imponierte. Plötzlich wollten viele mit dem „Bub aus München" befreundet sein.

Als zweites baute ich einvernehmlich mit den Eltern den Freizeitbereich des Kindes aus. Waldwanderungen, Spielstunden in der Pfarrei und wöchentliche Bastelnachmittage wurden installiert. Krönung unserer Bemühungen waren Besuche bei den Großeltern in dreiwöchigem Takt. Der Bub lernte schnell, allein mit dem Zug hin- und zurückzufahren, wobei ihn die Großeltern überglücklich in München abholten. Auf diese Alleinfahrten war er mächtig stolz, und manchmal brachte er kleine Souvenirs aus München mit, die in seiner Klasse sehr begehrt waren. Diese intensive, aber „kindadäquate" Auslastung der Freizeit hat viel zur Stärkung und Festigung seines Selbstbewusstseins beigetragen. Eines Tages verzichtete er sogar auf die termingerechte Fahrt zu den Großeltern, weil er in einem Theaterstück, das seine Klasse aufzuführen plante, eine Rolle übernommen hatte und die Proben am Wochenende nicht versäumen wollte. Ich sah darin ein Zeichen, dass ich die Therapie des Jungen erfolgreich abschließen konnte.

Junge Menschen können noch lange nicht abschätzen, welch ein ungeheures Gnadengeschenk das Leben ist und dass man daher auch in traurigen und schweren Zeiten nicht mit dessen vorzeitiger Beendigung spielen darf.

Hände weg vom „Angst-Einjagen"!

Manche Menschen wandeln mit Urvertrauen durchs Leben. Andere schleppen eine Urangst mit sich herum. Zu welcher Kategorie möchten Sie, dass Ihr Kind gehören wird? Es hängt nicht nur, aber auch von Ihnen ab.

Im Therapieprogramm für den o. g. Jungen waren u. a. Waldwanderungen enthalten. Ich habe exzellente Erfahrungen damit gemacht, junge wie ältere Patienten regelmäßig in den Heilgarten der Natur zu schicken - und überhaupt in körperliche Bewegung zu bringen; sei es durch die Teilnahme an Sportangeboten, sei es durch körperliche Arbeiten im Freien. Meines Erachtens sollte die Kombination von motorischer Ankurbelung und zumindest kurzfristigem Verlassen städtischen Geländes viel häufiger zu pädagogischen oder therapeutischen Zwecken verwendet werden, als dies der Fall ist, zum Beispiel bei traumatisierten Personen, in Nervenkliniken und generell in der Resozialisierung. Ende der 90er-Jahre ist in der Strafanstalt Bayreuth-St. Georgen ein Experiment dieser Art durchgeführt worden. Strafgefangene durften in Zivilkleidung in kleinen Gruppen Halbtagsausflüge ins Fichtelgebirge und in die Fränkische Schweiz unternehmen. Die Bilanz nach einem Jahr lautete: 1. Es war kein einziger Fluchtversuch zu verzeichnen. 2. Die Gemütslage und Stimmung der Strafgefangenen hatten sich wesentlich verbessert. 3. Ihre Bereitschaft zu aggressivem Verhalten war merklich gesunken.

Ähnlich gute Nachrichten kamen von einem Projekt, drogensüchtige Jugendliche auf ein Segelschiff in die Ostsee mitzunehmen, wo sie fast den ganzen Tag bei Wind und Wetter draußen waren und ordentlich zupacken mussten. Nach einigen Monaten Kreuzen in den Gewässern war der Großteil von ihnen entwöhnt und stabil. Es ist zu schade, dass dieses Projekt später wegen Finanzierungslücken gestoppt werden musste.

Ich kann mich an Erziehungsberatungen erinnern, bei denen allein die Empfehlung an die Mutter, mit ihren Kindern nachmittags regelmäßig spazieren zu gehen, eine Geschwisterproblematik aufgelöst hat. Wenn die Kinder nach ihrem „Auslauf" heimkamen, vermochten sie friedlich miteinander zu spielen, brachten genügend Appetit fürs Abendessen mit und gingen ermüdungsbedingt gern zu Bett. Der letzte Punkt ist enorm wichtig für die körperliche und seelische Gesundheit: der ausreichende Schlaf. Laut aktuellen Schulberichten dösen immer mehr Kinder am Vormittag schläfrig vor sich hin, weil sie zu kurz und nicht entspannt geschlafen haben. Elterliche Dispute, diverse Ängste, Nachwehen erregender Filme haben durch ihre Träume gespukt. Wirklich entspannt schlafen aber kann man nur im Vertrauen auf Gott und die Menschen. Wer vermittelt den Kindern ein solches Vertrauen? Ausgebrannte Mütter? Abwesende Väter? Endloses Handygeschwätz? Dutzende SMS? Einsame Computerspiele? Stundenlanges Surfen im Internet? Pseudofröhliche Werbegags? Fernsehstorys über Perversitäten, Intrigen, obsolete Familien, Erpressungen, Bedrohungen, Vergewaltigungen, Morde? Die uralte Tradition von der „Gute-Nacht-Geschichte" am Bett des Kindes, vom „Gute-Nacht-Kuss" und dem gemeinsamen Abendgebet hatte schon ihren tiefen Sinn.

Ich wiederhole: Körperliche Elastizität, Schwung und Lebensfreude gehören genauso zusammen wie eine Fülle an Interessen, Begeisterung und Engagement. Beides ist ideal miteinander verknüpfbar in der freien Natur, beim Wandern über Berg und Tal, entlang Flüssen und Seen. Nirgends sonst ist man der Schöpfung so nahe, fühlt man die relative Geringfügigkeit kleinlicher Sorgen gegenüber höheren Mächten, erlebt man sich so eingebettet in das unverfälschte Antlitz der Erde. Nicht nur die Beine wandern, auch die Gedanken „wandern" in der reinen Luft und formieren sich zu einfallsreichen Visionen, während die Seele nebenher baumelt, locker und entkrampft. Zahlreiche Kinder werden heute mit Beruhigungstabletten, Kräftigungssäften und psychologischen Maßnahmen „gedopt", wohingegen dieses riesige Gesundheitsreservoir in Reichweite vor unserer Haustüre (was nicht in allen Ländern so nahe vorhanden ist!) viel zu wenig genützt wird. Man bedenke: Wanderer schlafen gut! Wenn niemand mehr da ist, der Vertrauen vermitteln könnte ... – die Natur tut es noch.

Just an Vertrauen mangelt es Personen mit einem schwachen Selbstwertgefühl. Weil sie sich nichts oder nur Negatives zutrauen, wirken sie auch oft antriebslos. Eigentlich aber sind sie nur mutlos und starten keine Initiativen aus Angst vor einem Scheitern. Die Angst begleitet sie überall hin.

Es ist erwiesen, dass man bei überängstlichen Kindern oft einen überängstlichen Elternteil findet. Ob solche Kinder von diesem Elternteil ein belastendes Generbe empfangen haben oder sich bloß die Ängstlichkeit „abgeschaut" haben, ist fachlich umstritten. Wahrscheinlich kommt beides zusammen. Erwiesen ist jedenfalls, dass junge Tiere die Angst ihrer Muttertiere eins zu eins übernehmen, was ihr Überleben sichert. Wenn Küken zum Beispiel erleben, dass Mutter Henne vor einem Fuchs flieht, dann flüchten sie auch vor ihm. Wenn Küken sehen, dass Mutter Henne gelassen an einem Schwan vorbeiwatschelt, fliehen sie vor diesem nicht. Das Muttertier zeigt den Jungen, was zu fürchten ist und was nicht. Etwas davon steckt auch den Menschenkindern im Blut. In meiner Praxis sind mir viele neurotische Kinder vorgestellt worden, und in etwa dreiviertel aller Fälle habe ich gleich einen Elternteil mit in Behandlung genommen.

Neurotisierend ist ein überbehütendes, hysteroides Erziehungsklima, in dem die Kinder ununterbrochen beobachtet und gegängelt werden, Erfolgsrepressalien verspüren oder ständig vor Ausrutschern, Unfällen und Katastrophen gewarnt werden. Teilweise werden sie verhätschelt und verwöhnt, teilweise äußerst autoritär erzogen, was ähnlichen Störungsbildern Vorschub leistet, weil kindeigene Entscheidungen und Verantwortungen unterbunden werden. Ob mit Schlägen und Drohungen oder ob mit verzärtelnder, selbstsüchtiger Liebe „argumentiert" wird, das Verhalten der Kinder wird streng kontrolliert, registriert und nach elterlichen Maßstäben beurteilt. Ihr Spielraum für die Entwicklung eigener Kritikfähigkeit und eigener Wachstumsschritte köchelt auf Sparflamme. Beispiele für entsprechende Erzieher sind Mütter, die ihre Kinder – als ihren einzigen Lebensinhalt! – sorgsam überwachen, kaum allein herumtollen lassen, die bei ihren Schularbeiten eng neben ihnen sitzen, sich wegen Kleinigkeiten aufregen und in jeder erdenklichen Weise versuchen, ihren Kindern Schwierigkeiten aus dem Wege zu räumen. Sie halten ihre „Lieblinge" lange Zeit abhängig und unselbständig, und wenn diese endlich einmal auf sich gestellt sind, finden sie sich vor lauter Unsicherheit nur schwer zurecht. Oder es sind Väter mit Herrschaftsgehabe, denen die Kinder abends Rede und Antwort stehen müssen, Väter, die manchmal völlig unberechenbar und von den Kindern nicht nachvollziehbar ein Donnerwetter loslassen, sich dann wieder freundlich mit ihnen beschäftigen, einer „Ruhe vor dem Sturm" gleich, und von den eingeschüchterten Kindern auch noch erwarten, dass sie dafür dankbar seien.

Zu allem Unglück kann es zusätzlich geschehen, dass die Erziehungspersonen über den Erziehungsstil uneins sind, sich gegenseitig Vorwürfe machen, vielleicht sogar einen „ewigen Ehekrieg" führen und die Kinder schonungslos in ihre Auseinandersetzungen hineinziehen. Die Mutter klagt vor ihnen über den schäbigen Vater, der Vater klagt vor ihnen die verrückte Mutter an. Bei den Kindern kommen so widersprüchliche Botschaften an, die sie nicht entflechten, geschweige denn verkraften können, dass sie hilflos im Netz der Erwachsenen zappeln und bloß noch in Krankheit, Depression, Tagträume, Verweigerung auszuweichen wissen.

Seien Sie nicht erzürnt! Keinesfalls ist jede neurotische (oder gar psychotische) Erkrankung Schuld der Eltern. Das Schicksal mischt kräftig mit. Aber herausfordern wollen Sie ein schlimmes Schicksal ja nicht, nicht wahr?

Lisas Sieg über den Brummbären

Zur Bewältigung unnötiger irrationaler Ängste hat Viktor E. Frankl ein hocheffizientes Konzept entwickelt: die „Paradoxe Intentions-Methode". Sie kann in modifizierter Form schon bei Kindern angewandt werden.

FALLBEISPIEL:

Die kleine Lisa fürchtete sich in der Dunkelheit. Obwohl nachts ein schwaches Lämpchen neben ihrem Bett glomm, kam sie mehrmals des Nachts von Panik ergriffen ins Bett ihrer Eltern gekrochen und weinte vor Angst. Die Eltern, in diesem Fall unkomplizierte, gesunde Leute, brachten die Kleine zu mir.

Ich setzte sie auf meinen Schoß, wiegte sie ein bisschen, gab ihr Buntstifte und Papier und bat sie, mir ihre Angst aufzuzeichnen. Zögernd kritzelte sie ein braunes Ungeheuer in die Mitte des Blattes. Danach sollte sie sich selbst malen. Ein winziges Strichweibchen wurde in die Ecke des Blattes gequetscht. „Fein gemacht, Lisa", sagte ich. „Jetzt gib dem braunen

Ungeheuer einen Namen." „Das ist der Brummbär", antwortete die Kleine spontan. „Ein goldrichtiger Name", bestätigte ich, „denn der Brummbär brummt dir ja allerhand hässliche Sachen zu, wenn er dich nachts besucht, wie du mir erzählt hast. Weißt du was, ab heute wirst du ‚zurückbrummen'. Bisher hat er dich erschreckt, und jetzt wirst umgekehrt du ihn erschrecken, einverstanden?" Die Kleine kuschelte sich in mein Gewand. „Ich kann ihn nicht erschrecken", piepste sie. „Und ob du das kannst!", sprach ich ihr zu. „Ich werde es dich lehren. Wir beide üben das ‚Bärenerschrecken' hier bei mir bei Tag, und in der Nacht machst du das dann allein bei dir zu Hause. Und ich will dir noch ein Geheimnis verraten: Brummbären, die man erschreckt, schrumpfen zu harmlosen, niedlichen Teddybären zusammen. Und kleine Kinder, die es mutig mit Brummbären aufnehmen, wachsen zu großen, starken Mädchen heran." Ich nahm ein zweites Stück Papier und skizzierte ein lachendes Mädchen in die Mitte und einen umgefallenen Minibären zu seinen Füßen, dessen Fell sich vor Angst sträubte. „So soll das in Zukunft sein", sagte ich. „Wäre dir das recht?" Mit einem energischen Ruck rutschte die Kleine von meinen Knien. Ihr „Ja!" klang schon recht robust.

Hier ein Ausschnitt aus den darauf folgenden Dialogszenen, die wir einübten, wobei ich die Rolle des Brummbären simulierte und jeweils Lisas eigene Rolle mit ihr erarbeitete:

Es wird dunkel vor dem Fenster. Der Brummbär schleicht sich auf leisen Sohlen an. Er hüpft aufs Fensterbrett und sieht Lisa in ihrem Bettchen liegen.

Brummbär: Huh, Lisa, jetzt komme ich dich holen!
Lisa: Gut! Ich möchte brennend gerne sehen, wie es in einer Bärenhöhle ausschaut. Hoffentlich hast du darin schön aufgeräumt, ich bin nämlich sehr ordnungsliebend …
Brummbär (zu sich selbst): Na so was! Die Lisa fürchtet sich überhaupt nicht! Die will sogar meine Bärenhöhle inspizieren – bloß das nicht! Da ist doch das Chaos drin! Aber ich weiß schon, wie ich sie davon abhalten kann … (zu Lisa): Schau, was ich für riesige Tatzen habe! Mit denen fahre ich dir ins Gesicht!
Lisa: Na, zeig deine Tatzen erst einmal her! Sind die Krallen sauber geputzt und zurechtgestutzt? O je, mir scheint, ich sehe selbst bei diesem schwachen Lämpchen, dass sie voller Schmutz sind. So darfst du nicht in mein Zimmer hereintappen. Geh und wasch deine Tatzen, dann erlaube ich dir vielleicht, mein Zimmer zu betreten.
Brummbär (zu sich selbst): Was ist mit der Lisa los? Nicht einmal mit meinen großen Tatzen kann ich sie erschrecken! Und waschen soll ich die auch noch! Puh! Dazu habe ich keine Lust. Aber ich habe ja immerhin noch ein Maul … (zu Lisa): He, Kleine, ich werde dich fressen!

Lisa: Also das würde ich dir nicht raten. Ich habe harte Knochen, die bleiben dir im Magen liegen. Da kriegst du ein grausliches Bauchweh davon! Und wenn einer meiner spitzen Knochen dir in den Blinddarm rutscht, musst du ins Krankenhaus und dich operieren lassen. Aber weißt du, Brummbären behandeln sie ganz schlecht in den Spitälern, da sind sie nur lieb zu den Menschenkindern …
Brummbär (schlotternd zu sich): Ich geb's auf! Die ist mir zu gefährlich. Ich trolle mich lieber und suche mir ein anderes Opfer, das ich erschrecken kann. Bei der Lisa habe ich keine Chance mehr!
Lisa: Hallo, Brummbär, sei nicht feige! Jetzt, wo ich mich so lustig mit dir unterhalte, läufst du davon! Komm wenigstens morgen wieder zum Abendgeplauder!
Brummbär (im Wegschleichen vom Fenster): Das kann ich dir nicht versprechen. Du bist mir zu klug und zu mutig. Das macht mich ganz klein.
Lisa (ihm lachend nachrufend): Aber du bist ja in Wirklichkeit nur ein kleiner Teddybär, der sich aufgeblasen hat! Komm ruhig wieder! Wenn du klein und brav bist, darfst du sogar unter mein Kopfkissen schlüpfen ...
Der Brummbär verschwindet.

Je länger wir unseren „Bärendialog" improvisierten, desto mehr Gefallen fand die Kleine daran. Aufgeweckt und ausgelassen tanzte sie um den

Stuhl herum, auf dem ich als „Brummbär“ saß, und gab mir zum Abschluss einen sanften Klaps auf die Nase. Da verwandelte ich mich in mich selbst zurück und gratulierte ihr zu ihrem „Bärensieg“. Ich gab ihr die beiden bemalten Blätter mit auf den Heimweg und empfahl ihr, sich vor jedem Schlafengehen zu entscheiden, welches Blatt in der kommenden Nacht Gültigkeit haben sollte. Das „Angstblatt“ oder das „Siegesblatt“? Sie knüllte das Angstblatt in ihre Jackentasche, lief zu ihren Eltern ins Wartezimmer hinaus und schwenkte ihr Siegesblatt stolz wie eine Trophäe. Es bedurfte nur weniger Wochen und ein paar kurzer Auffrischungen unseres Bühnenspiels, bis Lisa nachts ruhig durchschlief – ohne Lämpchen. Bei unserem Abschied schenkte ich ihr einen zehn cm großen Teddy und flüsterte ihr zu: „Du hast ihm versprochen, dass er unter dein Kopfkissen schlüpfen darf.“ Sie nahm ihn, jauchzte, streichelte ihn und ging vergnügt nach Hause.

Es reicht nicht, Kindern (und Erwachsenen) zu sagen, was sie n i c h t tun sollen. Will man ihnen helfen, muss man ihnen sagen, w a s sie tun sollen. Die Aussage: „Du brauchst keine Angst zu haben!“ tröstet nicht genug.

Ihr seid Zeugen eines Wunders!

Habe ich Ihnen zu viel aufgebürdet? Seien Sie zuversichtlich. Und hätten Sie in der Erziehung praktisch alles verkehrt gemacht, aber würden Sie unbeirrbar in der (selbstlosen) Liebe zu Ihrem Kind verharren, würde es genügen.

Aufmerksame Leser werden gemerkt haben, dass die Neurotisierung von Kindern ein gewisses Gegensyndrom zur Verwahrlosung von Kindern darstellt. Neurotisierte Kinder wurden oftmals zu eng gehalten, während verwahrloste Kinder oftmals wie nebenbei aufwuchsen. Neurotisierte Kinder nehmen alles übergenau, todernst und fürchten sich vor einem Leid, das ihnen zustoßen könnte. Verwahrloste Kinder nehmen nichts wichtig und haben wenig Skrupel, jemand anderem ein Leid zuzufügen. Nun, die Begleitung von Kindern ist und bleibt eine Gratwanderung ihrer Bezugspersonen; Abgründe gibt es rechts und links, und der Boden der jeweiligen pädagogischen Moden und Zeitströmungen ist zudem schlüpfrig. *Was die Begleiter der Kinder konstant auf dem Grat halten kann, ist einzig die*

Wertschätzung. Wer Angehörige, egal welchen Alters, wertschätzt, bringt es nicht über das Herz, sie „links liegen zu lassen"; er kümmert sich um sie, was ihn vor dem „linken" Abgrund bewahrt. Wer Angehörige wertschätzt, unterdrückt und tyrannisiert sie auch nicht, sondern räumt ihnen das „Recht" auf Selbstbestimmung ein, was ihn vor dem „rechten" Abgrund bewahrt. Manch einer mag dabei ins Schleudern geraten, doch die Wertschätzung wird im letzten Moment stets noch Schutzgitter vor ihm hochziehen.

Erinnern wir uns an das Elternpaar Architekt und Verkäuferin, das stöhnend aus dem „linken" Abgrund emporsteigen musste, weil ihr Sohn Tierquälereien begangen hatte. Der arbeitsbedingte Stress dieser Eltern wird wahrscheinlich nicht aufhören. Wenn jedoch die Wertschätzung für ihr Kind Platz greift, werden sie trotzdem Lösungen finden und erfinden. Vielleicht zeigt der Vater seinem Sohn an Wochenenden die Grafiken, die er für seine architektonischen Entwürfe erstellen muss, und erklärt ihm das Plansoll, hinter dessen Erfüllung er gerade einherkeucht. Vielleicht nimmt die Mutter ihren Sohn gelegentlich in den Laden mit, in dem sie Kunden betreut, und gestattet ihm einen kleinen Dienst. Es ist äußerst hilfreich für Kinder, wenn sie vom Sinn der Arbeit ihrer Eltern eine Ahnung haben und nicht nur Eltern erleben, die fortgehen und mit Geld wiederkommen. Die Transparenz des Sinns väterlichen oder mütterlichen Schaffens ist in bäuerlichen oder Handwerkskreisen natürlich leichter herstellbar als bei Angestelltenverhältnissen, trotzdem lohnt es, die Kinder auch bei komplexeren Tätigkeitsbereichen zumindest in Ansätzen in das Tun ihrer Eltern einzuweihen. Sie bringen dann mehr Verständnis für ihre Eltern auf und haben später weniger Bammel vor der eigenen Berufszeit.

Die Suche nach Lösungen ist sämtlichen Problembekundungen übergeordnet. *Man erziehe grundsätzlich lösungsorientiert statt problemorientiert!* (Leider fungieren die Medien meistens umgekehrt.) Die Frage, wie ein Problem entstanden ist, ist immer sekundär. Primär ist die Frage, wie ein Problem behebbar – oder notfalls lebbar ist. Denken wir an Thomas aus dem Zeitschriftenartikel, der von Rockern niedergeschlagen worden ist. Meines Erachtens hätten die Eltern ihren Thomas sofort in einem Selbstverteidigungskurs wie Judo u. Ä. anmelden sollen, um ihm Wehrmöglichkeiten zu eröffnen. Offizielles Schweigen und innerhäusliches Schimpfen über die verheerenden Zustände an den Schulen halfen ihm nicht.

Wenn wir wollen, dass die junge Generation voller Urvertrauen (statt mit Urangst) zur Eroberung einer menschenwürdigen Zukunft aufbricht – und das kann nur sie! – dann müssen wir ihr Werkzeuge zur Verteidigung der Menschenwürde bei sich und anderen zuliefern.

Physisch sollen die Heranwachsenden imstande sein, ihren Körper zu pflegen und zu schützen, denn der Körper ist ein kostbares Gut. Selbstverteidigungstaktiken zu erlernen, die einen Gegner nicht ernsthaft verletzen und dennoch außer Gefecht setzen, ist keineswegs überflüssig und auch für Mädchen und Frauen von Vorteil. Die möglichste Schonung des Körpers des Angreifers ist eine ethische Trumpfkarte, die an die Errungenschaft des „gewaltlosen Widerstandes" mancher Freiheitshelden erinnert.

Psychisch sollen die Heranwachsenden in Worten ausdrücken können, was ihre Seele beschwert. Sie sollen keinen Kummer in sich „hineinfressen", um daran fast zu ersticken bzw. um irgendwann unkontrolliert zu explodieren. Es bedarf des Mutes, um sich seinen Mitmenschen anzuvertrauen, aber auch der Geduld, um nach richtigen Formulierungen zu suchen, sowie schließlich der Weisheit, zu erkennen, wann man mit wem worüber sprechen kann und soll. Wie viele Missbrauchsdelikte würden auf der Stelle aufhören, würde jemand sie offen anprangern! Auch therapeutisch hat die Sprache Vehikelfunktion, indem sie neuen Gesinnungen „Musik" verleiht, wie wir etwa bei dem Buben gesehen haben, der sich bei den Tieren entschuldigt hat, oder bei Lisa, die schmunzelnd mit ihrer Angst disputieren lernte. Psychische Regungen, mit denen oder über die man spricht, sind sogleich „ausgelagert". Sie stecken nicht mehr fest im Inneren einer Person, sondern liegen vor ihr „auf dem Tisch" und können von ihr modelliert, parodiert, ignoriert, kurz, gehandhabt werden.

Geistig sollen sich die Heranwachsenden metaphysisch geborgen fühlen. Lehren wir sie, dass es schön ist, dass es sie gibt. Lehren wir sie, dass das Leben gut ist mitsamt seinen Licht- und Schattenseiten.

Die Oma stirbt. Ja, das ist traurig. Dennoch: Sie kehrt zum Ort der Geborgenheit zurück, und ihr Lebenswerk „blüht hinter ihr her" (Hilde Domin).

Die Aufnahmeprüfung ist nicht bestanden worden. Ja, das ist enttäuschend. Dennoch: Weitere Alternativen laden ein, ausgetestet zu werden, und es könnte eine darunter sein, die sich als faszinierend entpuppt.

Die erste zarte Beziehung ist in Brüche gegangen. Ja, das ist bitter. Dennoch: Auch die Beziehungsfähigkeit muss über Höhen und Tiefen heranreifen, um eines Tages ein festes Band um zwei Menschen winden zu können.

Geistig sollen die Heranwachsenden genauso stark werden im vertrauensvollen Tragen des Unabänderlichen, wie sie begierig sind im kreativen Ändern des Änderbaren.

Wenn wir Eltern ihnen diese Werkzeuge bereitgestellt haben, dürfen wir in Demut zurücktreten. Mein Lehrer Viktor E. Frankl schrieb in seinem Buch „Der leidende Mensch" die bewegenden Sätze:

ZITAT VON VIKTOR E. FRANKL

„Alles in allem lässt sich füglich sagen, dass das Kind wohl ‚Fleisch vom Fleische' seiner Eltern ist, aber nicht Geist von ihrem Geiste. Immer ist es nur ein ‚leibliches' Kind – und zwar im physiologischen Wortsinn; im metaphysischen Sinne hingegen ist eigentlich jedes Kind – Adoptivkind. Wir adoptieren es in die Welt, ins Sein hinein.

So ist denn der Vater eines Kindes eigentlich niemals derjenige, der es gezeugt hat, nicht der ‚Zeuger', vielmehr ist er [gemeinsam mit der Mutter, Einschub der Autorin] in Wirklichkeit nur dies: Zeuge – Zeuge jenes immer neuen Wunders, das jede Menschwerdung letztlich ist. In Wahrheit erzeugen wir keinen Menschen – wir bezeugen nur ebendieses Wunder …"[2]

Vergessen Sie es nie: Ihrem Kind ist „der Geist eingehaucht". Das macht es zum „Ebenbild". Aber nicht zu Ihrem Ebenbild. Darum lieben und achten Sie es – nicht als das, was Sie gerne hätten, sondern als das, was es ist.

---

2 Huber, Bern, 1984, S. 118. .

Herausforderungen im Zeitalter der „neuen Medien"

Nachwort zur Neuausgabe

Ich bin Viktor E. Frankl in einer seiner Vorlesungen an der Wiener Universität im Jahr 1968 begegnet. 2018 (im Jahr der Neuausgabe dieses Buches) sind es also 50 Jahre, in denen ich mich intensiv mit seinem Gedankengut beschäftige, und ich muss sagen, dass es mich immer noch beeindruckt. Auf gewisse Weise hat Frankl vieles vorausgeahnt, was sich später als richtig erweisen sollte. Er hat zum Beispiel bereits in den 1970er-Jahren davon gesprochen, dass das Wissen der Menschheit in einer totalen Vernetzung „explodieren" wird, es aber dringend nötig sein wird, dass der verantwortungsvolle Umgang damit Schritt hält. So schrieb er[1]: „Die Menschheit brachte es zu einem Maximum an Bewusstsein - an Wissen, an Wissenschaft - und zu einem Maximum an Verantwortung; aber zur gleichen Zeit brachte sie es zu einem Minimum an Verantwortungsbewusstsein. Der Mensch von heute weiß viel - mehr denn je -, und er ist auch für vieles verantwortlich - für mehr denn je; aber worum er

1 Viktor E. Frankl, Der leidende Mensch. Anthropologische Grundlagen der Psychotherapie, Verlag Hans Huber, Bern, [2]1984, S. 197.

weniger denn je weiß, ist dieses sein Verantwortlichsein."

Jetzt ist es so weit. Per Internet steht ein ungeheures und rasant anschwellendes Maß an Wissen und Informationen selbst schon Kindern und Jugendlichen zur Verfügung, und es wird die größte Herausforderung der nächsten Generationen sein, den verantwortungsvollen Umgang damit zu erwerben. Noch sind es hauptsächlich „vordigital Geborene", die die jungen „digital Natives", welche sich an eine Welt ohne Internet nicht mehr erinnern können, auf ihrem Weg ins Leben begleiten. Dass diese „Übergangszeit-Eltern" dabei von allerlei Ängsten gebeutelt werden, ist verständlich und berechtigt. Denn auch den „digital Natives" ist Medienkompetenz nicht in die Wiege gelegt. Im Gegenteil, sie müssen sich sehr rasch Kritikfähigkeit, Eigenständigkeit, Urteilskraft und Selbstdisziplin aneignen, um den Gefahren einer Cyberpathologie zu entrinnen. Sie sind nicht zu beneiden, diese Kids einer neuen Welt, aber sie werden ihre neue Welt radikal umgestalten und, beseelt von ihrem „Willen zum Sinn" (Frankl), tapfer darum ringen, sie lebenswert zu erhalten und vielleicht noch um eine Nuance lebenswerter zu machen. Wir „vordigital Geborenen" wollen ihnen unser Vertrauen schenken.

Wir dürfen aber auch thematisieren, was uns Sorgen bereitet. Gemäß aktuellen Untersuchungen, die inzwischen vorliegen, sind es folgende Aspekte, die wert sind, im familiären Miteinander beachtet zu werden:

1. Es ist schwieriger geworden, die Heranwachsenden zu *kritischen Konsumenten* zu erziehen, denn es gibt haufenweise versteckte Werbung in Online-Kanälen. Zum Beispiel preisen mehrere Personen eine bestimmte Gesichtscreme als „toll wirksam" an. In Wirklichkeit aber werden sie bloß für ihre Anpreisungen bezahlt. Niemand kann wissen, was ehrlich gemeint ist.

Was kann da helfen? Ich würde sagen, insgesamt ein Plädoyer für einen bescheidenen Lebensstil. Man muss einfach nicht alles Angepriesene haben! Wenn Kinder erleben, dass gute Beziehungen wichtiger sind als ein reichhaltiger Besitz, fallen sie nicht auf jedes verlockende Angebot herein.

2. Der Grad *zwischen Netzbegeisterung und Netzsucht* ist schmal. Laut dem Anton-Proksch-Institut in Wien sind Jugendliche die cybersuchtanfälligste Gruppe, denn die Erkenntnis, abhängig zu sein, setzt bei ihnen extrem langsam ein. Deutliche Anzeichen für Abhängigkeit sind: zu wenig Schlaf, kaum mehr Offline-Kontakte mit den Gleichaltrigen und Entzugserscheinungen, sobald WLAN oder Handy-Akku fehlen.

Was kann einer Cybersucht vorbeugen? Meines Erachtens sollten von Anfang an „Offline-Zonen" im Familienleben installiert werden, an die sich alle

Familienmitglieder halten. Geeignet dafür wären der gemeinsame Esstisch oder das Schlafzimmer. Auch fixe „Offline-Zeiten" sind zu empfehlen, die für etwas Interessantes genützt werden, z. B. für sportliche Betätigungen, Ausflüge in die Natur oder handwerkliche Produktionen.

3. Das schulische *Lernen* erscheint vielen Kindern überflüssig, weil sie sich alle gewünschten Informationen aus Google und Co holen können. Das macht denkfaul, wie eine Forschungsreihe aus Kanada belegt. Zumal gegoogeltes Wissen weniger gut hängen bleibt als ein Wissen, das aus Büchern geschöpft wird (was ebenfalls belegt ist). Und es macht unsicher dazu, weil man sich nicht mehr auf die Aktivitäten seines eigenen Gehirns verlässt.

Was kann dies ausgleichen? Eltern und Erzieher haben bei den Kleinen noch die Chance, Leselust zu wecken und zu fördern. Es gibt ausgezeichnete Kinderbücher, die Kinderfilmen vorzuziehen sind, weil sie das Denk- und Vorstellungsvermögen der Kinder stärker anregen. Werden Geschichten gar noch erzählt, vorgelesen und kommentiert, entwickelt sich eine gesunde Neugierde, die die Heranwachsenden motiviert, sich die Welt „fröhlich lernend" anzuschauen.

4. Was *Informationen* aus dem Internet betrifft, so gibt es dort neben Irrtümern auch die gezielte Verdrehung von Tatsachen. Bilder und Fotos sind mit-

unter getrickst, um Fehleindrücke zu erzeugen. Laut einer Studie des „Instituts für Jugendkulturforschung" in Wien gaben 61% der befragten Jugendlichen zu, nicht einschätzen zu können, ob eine Information aus dem Netz stimmt oder verfälscht ist. Sie hätten keine Überprüfungsmöglichkeit.

Was steigert die Verlässlichkeit von Informationen? Das Beste ist allemal das direkte Gespräch mit jemandem, der sich auskennt. Freilich sind Eltern keine Experten auf allen Gebieten, aber sie können dazu animieren, sich bei verschiedenen Autoren ein- und desselben Fachgebiets kundig zu machen. Geistige Auseinandersetzungen und respektvolle Dialoge sind exzellente meinungsbildende Maßnahmen, die verhindern, dass man jeden Unsinn glaubt.

5. Der regelmäßige Konsum von gewalttätigen Spielen beeinflusst die *Empathiefähigkeit* im Negativen. Bei Personen, die wegen Verhetzung und Hassparolen im Netz angezeigt und verurteilt worden sind, ist wiederholt festgestellt worden, dass sie sich über ihre Bestrafung wunderten. Sie hatten kein klares Schuldempfinden. Forscher der „Medizinischen Universität Wien" fanden heraus, dass auch Verursacher von Cybermobbing sich der desaströsen Konsequenzen ihres Handelns oft nicht bewusst sind.

Was fördert Empathie? Das haben die Neurobiologen längst entdeckt: die reale Kommunikation von Angesicht zu Angesicht. Sie ist durch keine virtuelle

Kommunikation zu ersetzen! Nur ein leibhaftiges Gegenüber, dessen nonverbale Signale seine sprachlichen Äußerungen ergänzen, löst die Einfühlung in dessen leib-seelische Befindlichkeit aus. Was Blutbäder oder Schreckensszenen am Bildschirm angeht, ist die moderne krimierprobte Gesellschaft mittlerweile völlig abgestumpft. Kinder entwickeln Empathie, Mitleid und Barmherzigkeit fast ausschließlich in der intakten Gemeinschaft einer Familie, in der sich noch jeder um jeden kümmert.

6. Zahlreiche Jugendliche nutzen YouTube, um sich selbst darzustellen, und zwar so, wie sie sich selbst gerne sehen möchten. Oft suchen sie Selbstbestätigung, Anerkennung oder das Eintauchen in eine Fantasiewelt auf der Flucht vor der echten Welt, die ihnen kalt und leer vorkommt. Dabei werden sie auch leicht Beute des florierenden Cybergroomings (der Anbahnung von Sexualkontakten mit Kindern durch Erwachsene über das Internet).

Wie können Kinder davor geschützt werden? Je mehr Wertschätzung sie von ihren engsten Bezugspersonen erhalten, desto weniger gieren sie nach Selbstdarstellungen und schmeichlerischen Rückmeldungen durch Fremde. Je tiefer ihre Überzeugung ist, mit ihren Angehörigen über alles sprechen zu können, was sie bewegt und aufwühlt, desto eher hören sie auf deren Warnungen, und desto mehr sind sie vor problematischen Alleingängen gefeit.

7. Bei einer Umfrage an der Universität Regensburg erklärten 69% der „vordigital Geborenen", dass die Digitalisierung konkrete Nachteile für sie gebracht habe. Sie litten unter *Zeitdruck, Informationsüberflutung und ihrer permanenten Erreichbarkeit*. Bei ihrer Arbeit seien sie laufend im „Multitasking", weil sie gleichzeitig ihr Smartphone im Auge und Ohr behielten, um nicht irgendwelche eingehenden Nachrichten zu versäumen. Das belaste ihre Konzentration, mache sie fahrig und mindere ihre Leistungskapazität.

Kann man die Nachteile der Digitalisierung eliminieren? Wohl nur durch ein striktes zeitlich begrenztes Abschalten der Geräte. Schließlich haben *wir* unsere elektronischen Diener - und nicht sie uns. Im Gegenzug sollen aber auch die Vorteile der Digitalisierung nicht vergessen werden. Sie ermöglichen Verbindungen über Kontinente, Lüfte und Meere hinweg, die früher undenkbar waren. Man ist gut beraten, das Internet und die von ihm eröffneten Chancen nicht anzuprangern, sondern es wachsam zu betreten, das Beste daraus zu verwenden und das Schlechte daran zu ignorieren.

8. Was die „digital Natives" selbst sagen, ist ebenfalls eruiert worden. Es wurden ihnen vier Fragen vorgelegt. Was sei die längste Zeitspanne, die sie aushielten, ohne ihr Handy zu zücken? Durchschnittliche Antwort: Drei bis vier Stunden. Könn-

ten sie sich ein Leben ohne Smartphone vorstellen? Antwort im Chor: Nein. Schränken ihre Eltern ihren Smartphone-Gebrauch ein? Lachende Antwort: Das geht nicht mehr! Haben die Messenger-Apps die Art, wie sie Nachrichten schreiben, verändert? Antwort im Chor: Ja. Es werden bloß noch Abkürzungen versandt.

Ist das tragisch? Nun, unsere menschliche Sprache hat sich zu allen Epochen gewandelt, und gegenwärtig wandelt sie sich besonders stark. Mit der Verkürzung der Sätze verarmt sie jedoch und verliert an Ausdrucksbuntheit. Die Krux ist, dass unser Sprach- und Denkvermögen eng zusammenhängen. Genau genommen denken wir in sprachlichen Kategorien, und wenn es sprachlich hapert, wird auch unser Denken diffus und verschwommen. Deshalb ist das Miteinander-Reden, und zwar das schöne, wortgewandte, höfliche Reden, in dem präzise formuliert wird, was Sache ist, ohne dabei jemals die Würde des anderen zu verletzen, eine hohe Kunst, die nach wie vor gepflegt werden sollte. Wo dies geschieht – und überdies dem anderen auch noch teilnahmsvoll gelauscht wird, wenn er spricht, – wird es zu keiner Verarmung kommen, nicht im Geist und nicht in der Seele.

Zusammenfassung: Das häusliche Umfeld, in dem die modernen Medien von Kindern und Jugendlichen genutzt werden, ist in vieler Hinsicht ausschlaggebend. In Familien, in denen die Erziehungspersonen überfordert, resigniert oder gleichgültig sind, hat die überbordernde Nutzung digitaler Medien deutlich drastischere Folgen für den Nachwuchs. Wie die lachenden Jugendlichen bei der o. g. Umfrage sagten: Ein Verbieten oder mittels elterlicher Autorität Einschränken der elektronischen Zugänge funktioniert nicht bzw. kaum mehr. Was aber immer und durch sämtliche Kulturstandorte hindurch funktioniert, ist die Liebe zu den Kindern, die sie auch spüren, die Zeit, die man ihnen schenkt, das Gespräch, das man mit ihnen sucht, das Verständnis, das man für sie aufbringt, der Glaube an sie, der sie trägt, die Freude, die man an ihnen hat. Geliebte Kinder haben es einfacher, soziale Kompetenzen zu entfalten, und diese sind unvergleichlich wichtiger als digitale Skills. Empathie, Toleranz, Altruismus, Konfliktlösestrategien und ethisches Feingefühl sind unendlich kostbarer auf dem steinigen Weg durchs Leben als die höchste computertechnische Brillanz oder Hackerschlauheit.

Das Surfen im Internet bedeutet nicht zwingend das Ende der Kreativität. Man kann sich Do-it-yourself-Anleitungen holen, um Eigenständiges zu basteln. Man kann sich von historischen Modellen und Vorbildern inspirieren lassen. Man kann sich über Fernlehrgänge weiterbilden. Man kann in den sozialen Medien Spendenaufrufe starten und gemeinsame positive Initiativen ins Rollen bringen.

Kluge Eltern lehren ihre Kinder, solche sinnvollen Quellen anzuzapfen, ohne in den Informationsfluten hoffnungslos zu versinken. In der neuen Welt ihrer Kinder wird es einzig und allein darauf ankommen, zwischen dem verantwortlichen und dem unverantwortlichen Gebrauch alles Machbaren unterscheiden zu können – in Frankls visionären Worten: auf das Verantwortungsbewusstsein. Und zwar *auf ein Maximum* statt auf ein Minimum an Verantwortungsbewusstsein.

Elisabeth Lukas, im Januar 2018

Die Autorin

Elisabeth Lukas, geboren 1942 in Wien, ist Schülerin von Viktor E. Frankl. Als Klinische Psychologin und approbierte Psychotherapeutin spezialisierte sie sich auf die praktische Anwendung der Logotherapie, die sie methodisch weiterentwickelte. Nach 13-jähriger Tätigkeit in deutschen Erziehungs-, Familien- und Lebensberatungsstellen (neun Jahre davon in leitender Position) übernahm sie 1986 die fachliche Leitung des von ihrem Mann und ihr gegründeten „Süddeutschen Instituts für Logotherapie GmbH" – einem Wissenschaftsinstitut mit psychotherapeutischer Ambulanz – in Fürstenfeldbruck bei München, die sie 17 Jahre lang innehatte. Nach ihrer Rückkehr in ihre österreichische Heimat arbeitete sie fünf Jahre lang weiterhin als Hochschuldozentin (zuletzt als Lehrbeauftragte der Donau-Universität Krems) und war danach noch jahrelang als Lehrtherapeutin und Supervisorin beim österreichischen Logotherapie-Ausbildungsinstitut ABILE tätig.

Vorträge und Vorlesungen auf Einladung von mehr als 50 Universitäten im In- und Ausland (darunter länger andauernde Lehraufträge an den Universitäten München, Innsbruck und Wien) sowie Publikationen in 18 Sprachen machten sie international bekannt. Ihr Werk ist mit der Ehrenmedaille der Santa Clara Universität in Kalifornien für „outstanding contributions in counseling psychology to the world community" und mit dem großen Preis des Viktor-Frankl-Fonds der Stadt Wien ausgezeichnet worden. 2014 verlieh ihr die Universität Moskau eine Ehrenprofessur.

Von Elisabeth Lukas sind seit den 1980er-Jahren inklusive der fremdsprachigen Übersetzungen 136 Bücher erschienen.

Eine Übersicht über die vom Verlag Neue Stadt herausgegebenen Bücher von ihr, die auch in Form von E-Books erhältlich sind, findet sich unter www.neuestadt.com.